项目管理案例分析

Project Management Case Studies

赵振宇 编著

图书在版编目(CIP)数据

项目管理案例分析/赵振宇编著. —北京大学出版社,2013.3

(21世纪经济与管理规划教材·管理科学与工程系列)

ISBN 978-7-301-22107-5

Ⅰ.①项… Ⅱ.①赵… Ⅲ.①项目管理—案例—高等学校—教材 Ⅳ.①F224.5

中国版本图书馆 CIP 数据核字(2013)第 026291 号

书　　　名	项目管理案例分析
著作责任者	赵振宇　编著
策 划 编 辑	叶　楠
责 任 编 辑	叶　楠　王　军
标 准 书 号	ISBN 978-7-301-22107-5/F·3523
出 版 发 行	北京大学出版社
地　　　址	北京市海淀区成府路 205 号　100871
网　　　址	http://www.pup.cn　新浪官方微博:@北京大学出版社
电 子 信 箱	em@pup.cn
电　　　话	邮购部 62752015　发行部 62750672　编辑部 62752926
印 刷 者	北京鑫海金澳胶印有限公司
经 销 者	新华书店
	730 毫米×980 毫米　16 开本　13.25 印张　216 千字
	2013 年 3 月第 1 版　2015 年 1 月第 2 次印刷
印　　　数	3001—6000 册
定　　　价	26.00 元

未经许可,不得以任何方式复制或抄袭本书之部分或全部内容。

版权所有,侵权必究

举报电话:010-62752024　电子信箱:fd@pup.pku.edu.cn

图书如有印装质量问题,请与出版部联系,电话 010-62756370

丛书出版前言

《国家中长期教育改革和发展规划纲要（2010—2020年）》指出，目前我国高等教育还不能完全适应国家经济社会发展的要求，学生适应社会和就业创业能力不强，创新型、实用型、复合型人才紧缺。所以，在此背景下，北京大学出版社响应教育部号召，在整合和优化课程、推进课程精品化与网络化的基础上，积极构建与实践接轨、与研究生教育接轨、与国际接轨的本科教材体系，特策划出版《21世纪经济与管理应用型本科规划教材》。

《21世纪经济与管理应用型本科规划教材》注重系统性与综合性，注重加强学生分析能力、人文素养及应用性技能的培养。本系列包含三类课程教材：通识课程教材，如《大学生创业指导》等，着重于提高学生的全面素质；基础课程教材，如《经济学原理》、《管理学基础》等，着重于培养学生建立宽厚的学科知识基础；专业课程教材，如《组织行为学》、《市场营销学》等，着重于培养学生扎实的学科专业知识以及动手能力和创新意识。

本系列教材在编写中注重增加相关内容以支持教师在课堂中使用先进的教学手段和多元化的教学方法，如用课堂讨论资料帮助教师进行启发式教学，增加案例及相关资料引发学生的学习兴趣等；并坚持用精品课程建设的标准来要求各门课程教材的编写，力求配套多元的教辅资料，如电子课件、习题答案和案例分析要点等。

为使本系列教材具有持续的生命力，我们每隔三年左右会对教材进行一次修订。我们欢迎所有使用本系列教材的师生给我们提出宝贵的意见和建议（我们的电子邮箱是 em@pup.cn），您的关注就是我们不断进取的动力。

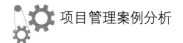

  在此，感谢所有参与编写和为我们出谋划策、提供帮助的专家学者，以及广大使用本系列教材的师生，希望本系列教材能够为我国高等院校经管专业的教育贡献绵薄之力。

北京大学出版社
经济与管理图书事业部
2012 年 1 月

前 言

凡"在一定的约束条件下具有明确目标的一次性任务"都属于项目或可被当做项目来处理运作，因此，项目管理的应用极为普遍，并已广泛应用于建筑、工程、电力、研发、咨询、设计、信息、通信、电子、金融、航空航天等诸多行业，项目管理已发展成为管理学的重要分支。

项目管理又是一门实践性和操作性很强的学科，既有一套完整开放的理论体系又有一系列专门的实用技术，学习项目管理重在管理理论与项目实战的结合。通过案例分析，可以体验和积累在项目管理实际工作中如何发现、分析和解决问题，内化对项目管理理论、知识和方法工具的切身体会和实际把握。

笔者在日常教学工作中也发现，在项目管理课程的各种教学方式中，以案例教学这一形式最受欢迎、效果最好。无论是在校还是在职的同学都特别期望能以案例的形式来学习、领会和掌握项目管理相关理论方法，并运用于实践。这成为笔者下决心编好本书的最大动力。

本书编入的案例以工程建设等领域的案例为重点，同时也选择了其他项目管理应用领域的案例，以适应不同行业、不同领域项目管理的需要。

本书共有涵盖项目管理知识体系的十章内容，案例和内容选取主要包括如下方式：(1)选自笔者讲授《项目管理》等课程的讲义资料和积累的研究成果；(2)使用了笔者及研究团队调研相关企业开展项目管理的实际操作和典型经验等案例；(3)精选了公开发表的（如期刊论文文献）典型案例资料，并对多数案例进行了文字内容上的精炼加工，还就案例编写了问题和解析；(4)选取了项目管理师、监理工程师、建造师、造价工程师等执业资格考试案例试题。在本书编写过程中，已尽可能详细列出引用案例的来源和作者，如有疏漏，敬请指出，将在重印或再版时进行补充和更正。在此，谨对有关作者的工作和贡献表示敬意和感谢。

本书具有如下四个特点：

- 专题性——案例按项目管理知识体系的不同内容设置不同专题，选取的案例涵盖项目管理各理论模块和方法体系，有较强的针对性。
- 实用性——案例选取多来自实际，多选取具有普遍性和典型性的案例，并注重方法的实用和先进。
- 简洁性——案情描述在充分、清楚的前提下力求文字精炼、简明扼要，以使读者花尽可能少的时间就能了解案例内容。
- 趣味性——设置了"小贴士"、"他山之石"、"工具箱"、"管理小知识"、"小故事"、"管理箴言"等不同的栏目，与案例分析相得益彰，使本书内容生动、有启发性和趣味性。

本书大多数案例包括"案例正文"、"问题"和"案例解析"三个部分，特别需要指出的是，书中"案例解析"部分的内容仅供读者参考，不作为标准答案，尤其对一些开放性的问题，读者可以给出更为透彻的不同视角的分析。书中标为"想想看"的案例则未设"案例解析"部分，以供读者作为练习和讨论使用。

本书可用做项目管理、工程管理及相关专业本科生和 MBA、项目管理工程硕士、工程管理硕士等的教材或教学参考书，通过课堂上对书中案例的讲解、分析、讨论和课后的练习，可以掌握项目管理理论方法及其应用。本书也适用于各类项目经理、项目管理培训，并可供从事或即将从事项目管理工作的读者学习使用。

本书编写过程中，华北电力大学研究生田玉喜同学参加了案例内容的整理、文字图表编辑、案例数据校验等大量工作，在此深表感谢。同时，也感谢北京大学出版社叶楠编辑的热情约稿以及为本书编辑出版所做的细致工作。

项目管理是一门开放的发展很快的学科，编著者水平有限，书中如有错误或疏漏之处，敬请读者批评指正。

赵振宇

2013 年 2 月

目 录

第1章 项目决策与组织管理篇 …………………………………… 1

- **想想看** 项目的批判论证制度 ………………………………… 3
- 案例1-1 项目承发包模式选择 ………………………………… 4
- 案例1-2 双项目经理制可行吗 ………………………………… 9
- 案例1-3 从直线制到矩阵制 …………………………………… 11
- **想想看** 双重领导问题怎么办 ………………………………… 13
- 案例1-4 项目经理的谋定与诡道 ……………………………… 14
- 案例1-5 拿破仑开枪救落水士兵 ……………………………… 19
- **想想看** 项目经理应对的问题 ………………………………… 21
- 案例1-6 从《西游记》看项目团队 …………………………… 23

第2章 项目范围管理篇 ……………………………………………… 27

- **他山之石** 项目的工作分解结构 ……………………………… 29
- 案例2-1 项目范围管理的困境 ………………………………… 32
- 案例2-2 地下条件引发的变更 ………………………………… 34
- 案例2-3 面对客户的需求变更 ………………………………… 35
- **想想看** 如何实现与客户双赢 ………………………………… 37

第3章 项目招投标管理篇 …………………………………………… 39

- 案例3-1 项目招投标问题诊断 ………………………………… 41
- 案例3-2 项目招投标中的是与非 ……………………………… 43
- 案例3-3 项目投标资格条件问题 ……………………………… 45
- 案例3-4 联合体投标问题分析 ………………………………… 48
- **想想看** 不平衡报价的得与失 ………………………………… 50
- 案例3-5 项目评标评分及定标 ………………………………… 52

| 想想看 | 中标单位如何确定 | 54 |

第4章　项目进度管理篇 ... 57

案例 4-1	项目进度的问题和困境	59
他山之石	项目进度管理流程图	62
案例 4-2	双代号网络计划分析	62
案例 4-3	网络计划参数计算	64
他山之石	三峡工程的进度管理	66
案例 4-4	进度调整与赶工决定	69
他山之石	国际工程工期索赔	72
案例 4-5	工期索赔分析及计算	75
他山之石	《新闻1+1》赶工期话题	78

第5章　项目费用管理篇 ... 83

案例 5-1	EPC 项目费用优化与控制	85
他山之石	三峡项目投资及控制	89
案例 5-2	成本因素分析法应用	91
想想看	成本构成比率法应用	92
案例 5-3	方案盈亏平衡分析	93
案例 5-4	挣值分析与成本预测	98
案例 5-5	项目工程量变更调价	100
他山之石	百安居的节俭哲学	102
案例 5-6	工地水淹承包商索赔	104
他山之石	工程师应对承包商索赔	106
想想看	施工工程变更与索赔	108

第6章　项目质量管理篇 ... 111

他山之石	QC 活动改善施工质量	113
案例 6-1	施工质量问题的监理	118
他山之石	水电工程施工质量管理	122
案例 6-2	三峡工程的质量控制	127
想想看	青藏铁路工程质量管理	129

第7章 项目合同管理篇 ········· 135

- 案例 7-1 未约定价款引发的争议 ········· 137
- 案例 7-2 要约和承诺的期限 ········· 138
- 案例 7-3 工程量清单合同索赔 ········· 139
- 想想看 施工合同条款问题诊断 ········· 140
- 案例 7-4 总价合同造价增加的争议 ········· 142
- 案例 7-5 承包商施工中的索赔 ········· 144
- 他山之石 FIDIC合同国际工程索赔 ········· 146
- 想想看 指定分包商的索赔 ········· 149

第8章 项目风险管理篇 ········· 151

- 想想看 工程进度风险管理策划 ········· 153
- 他山之石 中东石化项目风险管理 ········· 156
- 案例 8-1 承建非洲公路项目失败 ········· 159
- 他山之石 项目健康安全激励计划 ········· 161
- 案例 8-2 电厂施工安全风险管理 ········· 162

第9章 项目沟通管理篇 ········· 167

- 案例 9-1 经理之间的沟通矛盾 ········· 169
- 案例 9-2 项目技术主管的苦恼 ········· 170
- 案例 9-3 功能难以实现的困境 ········· 173
- 他山之石 海外项目的文化融合 ········· 178
- 想想看 项目内部的意见分歧 ········· 179

第10章 项目综合管理篇 ········· 181

- 他山之石 大型工程项目信息化管理 ········· 183
- 案例 10-1 公路施工项目管理的难题 ········· 188
- 他山之石 厂商协同降低采购成本 ········· 192
- 案例 10-2 米其林工厂建设EPC项目 ········· 194

第 1 章

项目决策与组织管理篇

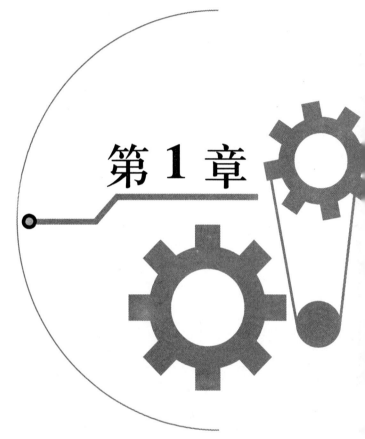

 **小故事**

一个上了年纪的木匠准备退休了。他告诉雇主，他不想再盖房子了，想和他的老伴过一种更加悠闲的生活。他虽然很留恋那份报酬，但他该退休了。

雇主看到这位工人要走感到非常惋惜，就问他能不能再建一栋房子，就算是给他个人帮忙。木匠答应了。

可是，木匠的心思已经不在干活上了，不仅手艺退步，而且还偷工减料。

木匠完工后，雇主来了。他拍拍木匠的肩膀，诚恳地说："房子归你了，这是我送给你的礼物。"

木匠感到十分震惊：太丢人了呀……

要是他知道他是在为自己建房子，他干活儿的方式就会完全不同了。

你就是那个木匠！

每天你钉一颗钉子，放一块木板，垒一面墙，但往往没有尽心竭力。

终于，你吃惊地发现，你将不得不住在自己建的房子里。

如果可以重来……

人生就是一项自己做的工程，我们今天做事的态度，决定了明天住的房子。

 **想想看**

项目的批判论证制度

以刘永好先生为总裁的新希望集团，是中国五百家最大规模私营企业中的第一名，同时位居中国饲料工业百强企业第一名，刘永好也多次名列中国富豪排行榜第一名。是什么策略使新希望集团保持竞争优势？新希望集团是如何确定项目的？我们来听听刘永好的观点：

新希望有一个制度，叫批判制度，即项目的批判论证制度。早在5年前我们就这样做了。我们有项目部，有投资发展部，有国际合作部。这些部门有那么多人，成天在研究项目。他们总会挑选一些他们认为最好的项目报到总部来。然后怎么办呢？以前我就是想想，一拍脑袋就干。后来觉得不对，这是错的。我们应该变一个办法，进行"批判式"的论证。我们不叫论证，叫批判，因为我们的论证太多了。以前很多国有企业上项目，项目由主持人拿出来，肯定他说好，旁边的人也说好。因为说好，到时候有饭吃，有红包可拿。最后领导也说好，因为这个项目可以运转相当长一段时间。至于说项目最终是倒下去，还是不倒下去，不是他的事，也不是他的钱。所以有很多的失败。我们的项目不是这样做的，我们是批判式论证。怎么批判法呢？项目提上来以后，先请内部人来批判；批不倒，好，交给第二站外部的人批判；再批不倒，好，内部、外部联合起来批判；内部、外部都批不倒，我们就请环保或其他方面的人，如经济专家或会计师事务所、律师事务所里的人来批判。假设这些人都批不倒，好，拿到我这里来，再进行研究，这个时候成功的可能性就比较大了。大家都同意了，我画个圈，OK，就干起来了。经过这样的论证，失败的几率就小很多，成功的几率就大得多。

讨论：

请联系实际，谈谈你对刘永好的"项目的批判论证制度"的认识。

案例1-1　项目承发包模式选择

案例来源：《同济大学学报（自然科学版）》2002年第1期

作　　者： 王广斌、张文娟、靳岩（同济大学工程管理研究所，上海市张江高科技股份公司，美国IDC工业设计工程公司）

【案例正文】

本项目为一栋高标准银行办公楼，总建筑面积约32 000米^2；主楼高18层，裙房5层，地下1层，框架剪力墙结构；钢筋混凝土钻孔灌注桩基；外墙干挂进口大理石，少量玻璃幕墙；室内部分公共部位精装修（4星级宾馆标准）。项目进行了较广泛的设计方案竞赛（共有7个方案），业主在专家评审的基础上选定最优方案，并委托上海一家富有经验的大型设计院承担该工程的扩大初步设计和施工图设计。同时，业主也委托某工程管理单位（监理单位）承担该项目全方位全过程的工程监理任务。该项目进度要求较紧，整个建设周期必须在36个月内完成。

承发包方案一：设计施工总分包

考虑采用传统方式（Traditional Model），即设计施工总分包方式，业主在全部工程设计图纸完成后将一个项目的全部施工任务发包给一个施工总承包单位，施工总承包单位可以将部分施工任务再发包出去（不是全部）。按照工程方案设计—扩初设计—施工图设计—施工招标—施工常规工作程序进行。考虑到项目工程具体情况，工程施工分钻孔灌注桩（相对独立）和主体工程两步进行招标，在工程扩初审批后即进行桩基的招标和施工，这样主体结构施工图设计和钻孔灌注桩施工相互搭接进行。其合同方式考虑采用单价合同。按照以上承发包模式，根据工程实际情况和工作的搭接关系应用网络技术安排工程进度，整个工程总进度为35个月，满足进度目标要求。

承发包方案二：CM模式

由于工程施工图设计结束后再进行工程施工招标可能延长工程进度，方案二考虑采用国际上广泛采用的CM模式进行工程的发包。CM模式是由建设单位委托一家CM单位，以承包商的身份，采取有条件地"边设计、边施工"，即Fast-Track的生产组织方式来进行施工管理，直接指挥工程施工活动，并在一定程度上影响工程的设计。其基本指导思想是缩短项目建设周期，采用设计一部分、招标一部分、施工一部分的组织方式，以使更多的工作搭接进行，加快工程进度。CM模式可分为代理型CM模式和非代理型CM模式两种。其合同一般采用"成本加酬金"方式。按照CM发包模式进行整个工程实施安排，可考虑桩基招标—结构招标—外装饰招标—内装饰招标分段进行，每一段设计图纸完成即招标，充分利用设计与施工的搭接，实现多工作搭接进行，这样按照工程实际情况和工作的搭接关系应用网络技术安排工程进度，整个工程可在32.5个月内完成，完全满足进度目标要求。

承发包方案三：项目总承包模式

考虑采用项目总承包模式（Turnkey Model）即"设计+施工"方式，在设计单位进行初步设计的同时，由业主和工程监理单位准备工程详细的功能描述书和房间手册,根据审批通过的初步设计图纸和功能描述书、房间手册进行项目总承包的招标,由中标的总承包单位完成工程的施工图设计和全部工程的施工,直至交付使用。工程的总承包单位一般是设计单位和施工单位组成的联合体,结合工程目前实际情况可有以下两种方案:一是以负责该项目工程设计的某建筑设计院作为工程设计方(该设计院曾参与项目总承包课题的研究,并在上海的其他项目上进行过项目总承包的试点),工程施工方通过招投标方法产生,他们共同组成工程的总承包联合体承担整个工程的总承包任务;二是采用向社会公开进行总承包招标,由社会上自由组织或业主意向邀请总承包联合体进行投标确定。根据工作的搭接关系按照网络技术计划排定,整个工程可在35个月完成,满足进度目标要求。

【问题】

1. 试分析上述三种承发包模式各自的特点?
2. 通过分析比较,你认为哪种方案更适合?为什么?
3. 谈谈如何进行工程项目承发包模式的分析和选择?

【案例解析】

- 问题1

方案一:该方案严格遵守基建程序,将相对简单的桩基工程独立进行招标,对工程的投资控制、质量控制较为有利,对合同管理影响不大,符合工程实际情况。但对方案一应注意以下两点:(1)由于工程采用了分段招标,各个工作相互搭接安排紧凑,相应工程管理协调难度增加,组织管理上的风险较大。(2)由于各种工作搭接较为紧凑,网络计划中关键工作较多,任何一项工作的延迟和耽误都可能影响整个工程进度目标的实现。

方案二:该方案对缩短工程建设周期将是非常有利的,而且签订合同时不必(也不可能)确定施工总价,并在一定程度上有利于优化设计、减少设计变更的可能性。但也存在以下三点问题:(1)CM模式中确定CM单位以及确定CM单位后确定项目的最大保证费用(GMP)十分困难,相应增加了工程招标、投标和评标的难度,不利于工程的合同管理。同时在工程实施过程中,对CM单位而言,需经常与设计单位协调,整个施工组织的工作量明显增加，增加了其成本控制的理论风险。（2）CM模式的市场供给问题。虽然CM模式在国外应用较为广泛，但在我国还处在理论研究阶段，国内能承担CM任务的施工承包单位很少，采用该模式可能需要在国际上招标，相应增加招标管理及行政手续办理上的困难，国外CM单位承包可能会因为其成本高导致整个工程投资增加。（3）工程的招投标工作和合同洽谈时间较长，估计需要75天。

方案三：项目总承包在国际上应用已较为成熟，国内亦有多个项目的研究和试点。从工程的施工图设计阶段进行项目总承包是总承包的一种模式。项目总承包的基本出发点在于促成设计和施工的早期结合，以充分发挥设计和施工两方面的优势，从而提高项目的经济性，这有利于项目的进度控制和投资控制。由于业主在工程实施过程中合同较少，对项目的合同管理相对简单，同时该方案可极大减少甲方的工作量。项目总承包的招标采用功能招标，这与施工总承包方式下的构造招标完全不同。其主要的工作是项目的功能描述书和房间手册的准备，这两个文件在完整和精确方面均有较高要求，否则会直接影响工程的质量。在这样一个金融办公楼项目上应用项目总承包，对项目的质量控制的风险较大。如采用该方案，需加强功能描述书和房间手册的编写和工程招标及合同谈判签署的工作。

- 问题2

分析比较以上三个项目承发包方案实际上反映了三个不同的项目实施方案，表1-1给出了三个方案对项目的投资控制、进度控制、质量控制、合同管理和甲方工作量的影响程度。

表1-1 三种承发包方案的比较分析

类别	方案一	方案二	方案三
投资控制	施工图全部完成后进行施工招标，合同价易于确定	签订合同后确定最大保证成本GMP十分困难，对工程投资控制不利	利用设计和施工的有效配合降低项目的费用
进度控制	施工图全部完成后进行施工招标，不太利于缩短建设周期	利用设计与施工搭接，对缩短工程建设周期是非常有利的	利用设计和施工的有效配合缩短建设工期

续表

类别	方案一	方案二	方案三
质量控制	符合质量由"他人控制"原则,对质量控制有利	招标评标工作复杂,需要有实际CM工作经验的承包单位参与	以功能描述书为基础的招标工作十分困难,质量目标难以准确定义,质量控制风险大
合同控制	甲方分别签订设计和施工合同	甲方分别签订设计和施工合同,并承担相对方案一更多的协调工作量	甲方仅签订工程总承包合同,合同管理工作相对前两个方案好
甲方工作量	项目实施过程中协调工作量较大	项目实施过程中协调工作量更大	招标工作和合同谈判工作量大,项目实施过程中甲方工作量少

综合以上五个评价项目分析,可以看出三个承发包方案各有利弊。结合该大厦工程实际情况,方案一较方案二和方案三有利。主要原因如下:

(1) 方案二虽在项目的进度控制方面具有较明显的优势,但在现实的操作和实施方面却具有相当大的困难,主要是国内缺乏承担CM任务的实际经验和合适的承包商,也缺乏此类招投标工作的具体经验,增加了业主和工程管理部门的困难,如由国外的承包商提供CM服务,则可能导致项目投资费用的增加,亦增加了具体办理有关行政手续的困难。

(2) 方案三的施工图设计和工程施工虽然能相互搭接进行,但考虑到该项目的未定因素较多(工程的精装修和特殊装修、部分工程的详细工艺要求均难以确定),采用方案三对工程的质量控制不利;同时,由于工程的招投标工作和合同洽谈时间偏长,从而使方案三在工程的进度控制方面并没有显示出优势。

(3) 方案一虽然增加了工程管理和协调方面的难度,但考虑到工程目前甲方筹建班子和工程项目管理(工程监理)方具有较强的力量,既有足够的人力资源,又有实践操作经验,可部分解决这一弊端,且方案一对项目的目标控制较为有利,适合工程目前的实际情况。

● 问题3

在建设项目工程实践中,建设单位和工程监理单位在进行工程项目承发包模式分析和选择时必须研究分析多种因素,综合来看,应系统分析以下三个方面的情况：(1) 业主本身情况。主要包括业主方从事项目建设的经验和人员配备两个方面。(2) 项目及环境情况。项目情况主要包括项目特点、类型、规模大小、技术复杂程度、发包条件等；项目环境情况主要包括国家或当地的政策法规、建筑市场情况（主要包括承包商的经验、技术和能力、材料价格走势等）和项目当地气候、地理情况等技术方面的因素。(3) 项目目标要求。在具体的项目和特定情况下，业主对项目的投资、进度或质量等目标的重视程度会有不同，如本项目特别重视项目的进度目标。

案例 1-2　双项目经理制可行吗

案例来源：信管网

【案例正文】

F公司是一家工贸型的国有企业集团，现有总资产9.85亿元，员工10 800余人，占地900多亩。集团公司经营分工业和商业两条线，工业有绢纺织厂、毛纺织厂、纺织厂、针织厂、印染厂等23家工厂；商业有百货、医药、食品、饮食服务、糖烟酒、五交化、水产等20家公司。

该公司的IT部门包括系统规划部和项目研发部，由这两个部门共同负责集团公司的信息化建设。其中，系统规划部负责信息系统的总体规划、招标文件准备和供应商选择等；项目研发部负责项目实施、二次开发和维护阶段的技术问题。

李工是项目研发部的部门主管，技术水平一流，在团队乃至整个公司都很有影响力，但是对公司其他部门的业务不是很熟悉，而且李工性格比较内向，不太擅长沟通协调。系统规划部的部门主管王工则沟通能力特强，对公司各部门业务相当了解，却缺乏软件技术方面的知识和项目管理经验。

两年前F公司的主要竞争对手G公司和H公司都投入了较大资金进行企业资源计划系统（ERP）的建设，在生产成本、产品质量、管理水平等方面有了明显的改善和提高，对F公司的产品和销售产出具有直接影响，当年F公司绢纺织、毛纺织、纺织等产品市场份额萎缩了5%。针对该状况，F公司系统规划

部向董事会提交了投资5 000万元建设ERP的提案，最终经过公司董事会讨论后获得批准。

为加快项目实施周期，F公司决定采购ERP供应商成熟的产品进行二次开发。经过招投标等程序，最终选择了国内某ERP供应商的Good ERP 8.0产品。

项目启动后，需要任命一个项目经理，对项目全权负责。到底是选系统规划部的李工还是项目研发部的王工，或是从外部招聘新的项目经理，F公司高层领导张总难以决策。

正在这时，有人给张总提了个建议：干脆实行"双项目经理制"，由李工和王工共同承担项目经理这个角色。在职位上两个人是平等的，张总指定其中一人为对公司负责的人，由其负责面对公司高层领导，而项目中的各种计划、决策、实施则由两人互补长短来进行。

"双项目经理制"这种说法张总还是第一次听说。不过想来想去，他觉得李工和王工都不是项目经理的最佳人选，从外部招聘新的项目经理则需要考虑更多风险因素，但如果实行"双项目经理制"，又需要两人有非常高的默契协作能力⋯⋯

【问题】

1. 试对信息系统项目中实施"双项目经理制"的可行性作出评述。
2. 请为张总解决此问题提出最合理的建议。

【案例解析】

- 问题1

在信息系统项目中实施"双项目经理制"不可行，是和项目管理理念相矛盾的。项目经理需要对项目负责，若出现两个平级的项目经理会出现以下问题：

（1）该谁来承担项目的主要责任，问题的推诿会导致项目的延迟完成。

（2）团队向哪个经理汇报工作，多重汇报关系是项目管理的大忌。

（3）无法确保两个平级项目经理间的紧密沟通。

（4）部门间的利益如何在没有偏颇的情况下为项目服务？作为部门经理，在遇到困难的时候势必会维护自己部门的利益。

● 问题 2

可考虑任命王工为项目经理,主要负责沟通交流汇报等工作;李工为项目副经理,主要负责技术层面和项目进度方面的问题。信息系统开发行业对项目经理在项目管理和技术水平两个方面都提出比较高的要求,但"项目经理必须要善于沟通"这条原则永远都是不变的。王工可以在李工的协助下履行项目经理的职责,而反过来则不可行。当然,王工在项目工作中需要特别注意尊重李工提出的技术方面的意见,发挥项目领导的个人魅力,从 F 公司信息化建设总体利益出发,进行密切的合作。

案例1-3　从直线制到矩阵制

案例来源：2006 年全国监理工程师执业资格考试《建设工程监理案例分析》试题

【案例正文】

某市政工程分为四个施工标段,一、二标段工程先行开工。某监理单位承担了该工程施工阶段的监理任务,其项目监理机构组织形式如图1-1 所示。

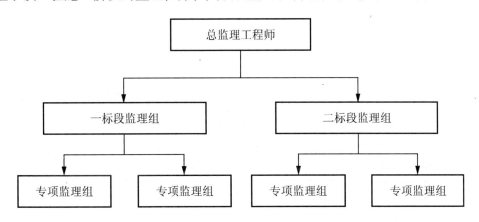

图 1-1　一、二标段工程项目监理机构组织形式

一、二标段工程开工半年后,三、四标段工程相继准备开工,为适应整个项目监理工作的需要,总监理工程师决定修改监理规划,调整项目监理机构组织形式,按四个标段分别设置监理组,增设投资控制部、进度控制部、质量控制部和合同管理部四个职能部门,以加强各职能部门的横向联系,使上下、左右集权与分权实行最优的结合。

【问题】

1. 图 1-1 所示的项目监理机构属于何种组织形式？说明其主要优点。
2. 调整后的项目监理机构属于何种组织形式？画出该组织结构示意图，并说明其主要缺点。

【案例解析】

● 问题 1

图 1-1 所示的项目监理机构属于直线制组织形式。

其优点是：机构简单、权力集中（或命令统一）、职责分明、决策迅速、隶属关系明确。

● 问题 2

调整后的项目监理机构属于矩阵制组织形式，该组织结构示意图如图 1-2 所示。

其缺点是：纵横向协调工作量大，容易产生矛盾指令，处理不当会发生扯皮现象。

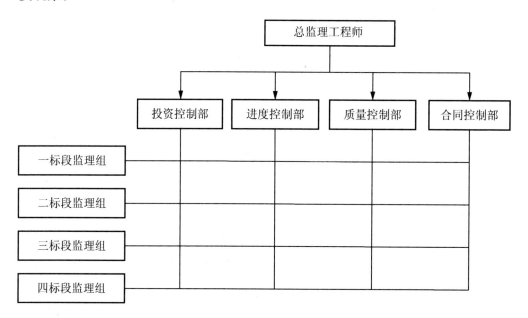

图 1-2　组织结构示意图

工具箱

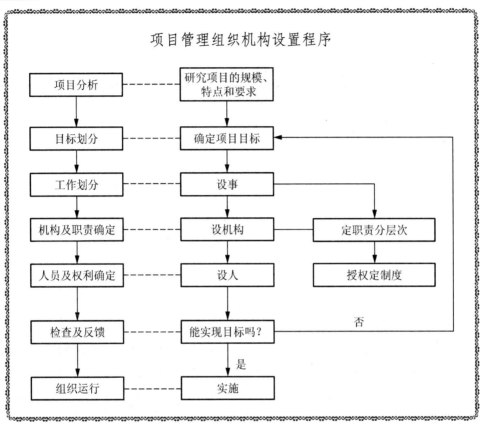

双重领导问题怎么办

某企业是以工程项目为主业的企业，即企业的经营活动是由许多工程项目活动构成的。为了适应企业的这一特点，企业组织结构采用了矩阵式组织结构，但是在项目运作过程中，项目的资源如人员经常会受到项目经理及职能经理的双重领导，降低了运作效率和效果。某项目经理为了使项目成员在项目存续期间不受干扰，规定项目成员在进入项目组时必须接受这样一条约束，即在项目组工作时不与原属职能部门发生任何联系。

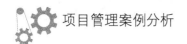

问题：

请分析这位项目经理的做法是否合理？应如何考虑？

案例 1-4　项目经理的谋定与诡道

案例来源：中国项目管理资源网

作　　者：李明明

项目经理除了脚踏实地做好项目管理之外，也要学会用兵之道，关键时刻"耍点手腕"、来点"阴谋诡计"也是十分必要的。

Sam 是一家电脑制造企业的信息化项目经理，几年来大大小小的 IT 项目也做了不少，从最开始的费力不讨好，到现在的合作愉快，Sam 经历了一个漫长而痛苦的过程，从一个单纯的技术人员逐渐成长为一个优秀的项目经理。

近期 Sam 又从 CIO 那里接下为市场部开发费用管理系统的任务。3 年前开发部曾经为市场部开发过一个类似的系统，但是由于当时正赶上公司的业务方向调整和组织结构变动，导致了系统刚刚上线即面临下马的窘况。究其原因，很大程度上是因为当时的系统设计不够灵活，流程都是固化在程序里，根本无法适应业务的调整，而重新修改代码的代价又太高，工期也无法保证，所以只好选择放弃。

对此，Sam 感到压力重重。市场部是公司的"消费大户"，每年在市场营销上的投入高达数千万元，然而市场部却是公司唯一没有成功实施信息系统的部门，一直靠人工的方式来管理庞大的营销费用，整个市场部没有谁能说得清这么多钱到底花在了哪里，是否获得了预期的效果，有没有被挪用、浪费甚至贪污。

从当前费用管理的情况来看，存在着业务流程混乱、计划变更频繁、合同管理松散、费用报销严重滞后、工作效率低下等诸多问题；总部对各分公司的费用管理和控制基本处于半失控的状态，没有什么手段和依据来限制分公司对营销费用的使用；对营销费用的投入和收效知之不详，制定费用预算时往往只能"跟着感觉走"，没有切实可信的数据可供参考。

眼前状况堪忧，前方荆棘密布，Sam 犯了难，这个项目到底该怎么做呢？

1. 谋定

考虑再三，Sam 决定先分析项目的整体情况，再决定如何推进，"谋定而后动"，尽量降低项目风险，避免失败。经过一番深思熟虑之后，初步的项目推进方案出炉了。

（1）明确项目定位

市场部作为公司营销策略的制定者和执行者，其营销行为的成功与否，对整个供应链的销售、生产、采购等环节都有着直接或间接的影响，其重要性毋庸置疑。市场部本身的业务繁多，包括营销策略的制定、市场公关、创意企划、费用管理等等，从信息化的难易程度、紧迫性和重要性来看，对数额巨大的营销费用的监管和控制无疑是重中之重。因此，项目的切入点应当首选"营销费用管理"这块业务。

根据目前信息化的发展趋势和业务需要，Sam 将项目定义为"市场营销费用管理平台"，把建立起一个包括"预算管理—计划制订—计划变更管理—合同管理—费用报销"在内的营销费用全周期管理的闭环回路作为项目目标，为市场部提供一个灵活完善的营销费用管理平台。

（2）确定解决方案

这个项目的难点在于对业务的理解和把握上，既要考虑到现有的业务流程的实现，也要兼顾到对业务流程的优化；既要符合基层用户的习惯，也要满足高层领导的管理和分析的需要。另外，因为已经有过一次失败的经历，为了增强用户的信心和重塑开发部的信誉，一定要尽量降低项目的风险，保证项目成功上线。因此，选择一个合适的解决方案至关重要。

在设计上，Sam 采用了灵活的审批流程设计和简洁的界面风格；在技术上，Sam 决定放弃刚刚引进、还没有成功应用的新技术，而选择了成熟的、已经广泛实施的现有技术架构，这样既降低了技术风险也便于实现代码重用。

（3）充分的需求分析

由于现有业务流程的混乱，在项目初期，恐怕没有人能够提出一份全面细致的业务需求，而且市场部（尤其是分公司）的市场人员对信息系统的认识和接受能力普遍比较差。因此，为了能够充分了解业务需求，加强与用户的沟通和交流，Sam 决定在需求分析阶段通过建立系统原型来配合需求的收集和分析。

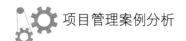

通过系统原型的建立,可以将空泛的业务流程具体化、形象化,使其更加直观地展现在用户面前,让用户可以亲身感受到系统上线之后给自己的工作带来的改变,并逐步培养他们使用系统的习惯,以及使用系统来解决实际问题的能力。这样既便于全面收集各方的需求,也为系统的顺利实施奠定了基础。

(4) 选择生命周期模型

需求分析阶段的系统原型,因为采用的是成熟的技术架构,故而可以将其一直迭代到代码开发阶段,直至系统交付,所以采用"迭代原型法"的开发模式是最恰当的选择。采用"迭代原型法"的开发模式具有很明显的优势,可以尽量在项目早期发现问题,降低项目后期发生需求变更的风险。

不过,它也有一个缺点,在原型迭代的过程中,开发人员很容易陷入对细节的无止境的纠缠中,从而导致需求蔓延和需求"镀金"。在这一点上,Sam 提醒自己一定要注意对项目的管理,定期进行检查点回顾,时刻注意检查项目进度,一旦发现"蔓延"的趋势必须及时修正,保证主要功能和流程的开发进度,将风险消灭在萌芽状态。

(5) 循序渐进地实施项目

为了保证系统最终能够成功上线,必须注意实施过程中所采取的方法和步骤。

费用管理的业务涉及总部市场和全国所有的分公司,系统的最终用户遍布全国,而且人员众多,水平参差不齐,因此要想在所有分公司一次性同时上线,几乎是不可能的。比较合理的方式是:首先在总部市场和北京分公司做试点,因为它们与开发部在同一个办公地点,并且用户的计算机水平相对比较高,培训和调试的成本比较低。等到系统稳定运行一个月以后,再向全国推广,届时有了总部和北京分公司的成功经验,可以达到以点带面的示范效果,将会大大降低实施风险。

2. 诡道

以上都是在项目进行过程中必须要考虑和解决的问题,都是光明正大的措施和手段。但是,除了要做到这几点之外,作为一名项目经理,在管理这样一个复杂的、容易反复的,而且曾经有过失败经历的项目时,Sam 还需要通过一些无伤大雅的"阴谋诡计"来保证项目的顺利进行,正所谓"兵者,诡道也"。简单来说,就是以下几点:

(1) 项目初期，以用户为中心

项目初期，用户刚刚开始接触系统原型，对于系统的界面风格、操作模式、按钮设置等都有最直观的感受，尤其是对于以前没有使用过信息系统的市场人员来说，这些操作层面的简便性、易用性将直接影响到他们对系统的感受。

在这一时期，为了让用户能够比较容易接受，项目经理要尽量按用户的习惯来设计和修改，在这些特性上可以作出最大程度的妥协，只求让用户慢慢习惯使用该系统即可。

(2) 项目中期，树立项目经理的专业权威

到了项目中期，系统的界面风格和基本流程已经确定，要"怀柔"与"高压"政策并用。

怀柔政策，是指对于一个非关键、双方有争议的功能需求，项目经理可以先按照用户的想法来做，但是一定要事先强调自己的看法，并指出用户的想法可能存在的风险，同时保留自己的意见。待功能按用户的要求实现之后，用户会发现，这样做果然是会出问题的，还是项目经理说的对。这个时候，项目经理在用户心中的专业权威就树立起来了，以后再出现争议的时候，用户就会给予项目经理充分的信任和尊重。

高压政策，是指当项目经理在用户心中成为权威之后，对于一些开发成本很高而使用价值不大的功能需求，项目经理就可以利用自己的权威来向用户"高压"一下，使用户同意取消该需求或者放到项目的二期、三期的时候再实现。

当然，"怀柔"和"高压"政策都不能滥用，如果对开发成本很高的功能使用怀柔政策，很容易造成资源浪费和进度落后；而过多地使用"高压"政策也是十分不明智的，就像"狼来了"一样，同一招用多了也就不灵了。

(3) 项目后期，"威逼"加"利诱"

在后期的实施过程中，项目经理要学会"威逼"和"利诱"。

对先期的试点用户"威逼"。对于第一个吃螃蟹的人，困难是可想而知的，为了保证不会半途而废，除了对其加强培训之外，取得高层领导的支持，通过高压手段保证系统真正用起来并且能够用下去，是十分必要的。

对后期跟进的用户"利诱"。前期的成功经验已经摆在那里，项目经理需要

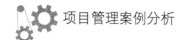

做的就是将实施系统所带来的效率的提高、工作量的降低、流程透明度的增加等，充分地介绍给准用户知道，使他们对系统上线和随之而来的好处充满信心。

（4）项目持续改进阶段，从信息化的角度推进流程优化

一个项目不可能将所有的业务需求一次完成，通常的做法是将一个项目分解成两到三个阶段来完成，在完成初期最基本的功能之后，还要继续推进项目的二期、三期，以使业务流程更加完善、更符合企业信息化的整体规划要求。

如果说，项目的一期阶段完成了信息系统的从无到有，项目的二期、三期阶段就是对业务的完善和优化。在一期阶段，业务部门作为需求的提供者，对项目的方向起主导作用，最后交付的产品也大多是对现有流程的忠实再现和信息化。如果在这时信息部门想对业务流程提出改进建议，阻力会非常大。

然而，在二期、三期阶段，由于业务部门已经习惯了信息系统的使用，已经离不开它了，这时如果信息部门从企业信息化的整体规划角度出发，对业务流程提出自己的改进建议和优化方案，业务部门一定会给予充分的重视，推进过程也会顺利很多。

所以说，项目经理除了脚踏实地地做好项目管理之外，也要学会用兵之道，关键时刻"耍点手腕"，来点"阴谋诡计"也是十分必要的。

总之，项目经理要充分认清信息系统建设周期中各个阶段的特点，以保证自己在适当的时间作出适当的决定，在不同的阶段采取不同的措施，保证项目始终立于不败之地。

管理小知识

按照项目管理学家 B. W. Tuckman 的定义，项目团队的发展成长一般要经过四个阶段：

1. 形成阶段（Forming）

该阶段是团队发展进程中的起始步骤，即项目团队的筹建阶段，适合采用指导型的领导风格（Directive Style）。

2. 疑问（磨合）阶段（Storming）

该阶段是团队成员熟悉各自职责，彼此相互磨合的阶段，适合采用影响型的领导风格（Selling or Influence Style）。

3. 规范（正规）阶段（Norming）

该阶段团队成员关系已经确立，主要矛盾基本解决，凝聚力逐渐形成，工作进度加快，效率提高，适合采用参与型的领导风格（Participative Style）。

4. 执行（表现）阶段（Performing）

该阶段项目团队积极工作，绩效很高，信心十足，急于实现项目目标，适合采用授权型领导风格（Delegative Style）。

案例1-5　拿破仑开枪救落水士兵

案例来源：《刊授党校》2009年第6期

作　　者：杨鑫

【案例正文】

一次，拿破仑骑马穿越一片树林，忽然听到了一阵紧急的呼救声。他扬鞭策马，朝着发出呼喊声的湖边跑去。只见一个不会游泳的士兵落到水里，正往深水中漂移，距离岸边已有30米远。岸上几个士兵慌作一团，无可奈何地呼喊着，他们当中谁也不会游泳。

拿破仑赶来问道："他会水吗？"

一个士兵回答说："他只能划几下，现在不行了，漂到深水里，刚才喊救命哩。"

拿破仑"哦"了一声，随即从侍卫手里取过一支手枪，并大声朝落水的人喊道："你还往当中爬什么，赶快游回来。再往前去，我就开枪毙了你！"

说完，果然朝那人的前方开了两枪。

落水的人，也许是听到了岸上的威胁的话语，也许是听到了前方子弹入水的响声，猛然回转身来，拼尽全力扑通扑通地划着，居然很快就向岸边靠拢了。

【管理启示】

对待自觉性比较差的员工，一味地为他创造良好的软环境去帮助他，并不一定让他感受到"萝卜"的重要，有时还是需要用"大棒"来威胁。偶尔利用你的权威对他们进行威胁，会及时制止他们消极散漫的心态，激发他们发挥出自身的潜力。即使自觉性强的员工也有满足、停滞、消沉的时候，也有依赖性，适当的批评和惩罚能够帮助他们认清自我，重新激发新的工作斗志。

 小贴士

激励员工的方法

激励员工的方法其实有很多，对不同的员工总能找到适合的一项：

(1) 树立榜样；

(2) 工作挑战；

(3) 授权；

(4) 物质激励；

(5) 晋升与提拔；

(6) 参与管理；

(7) 荣誉；

(8) 信任与认可；

(9) 员工的分级管理；

(10) 培训机会；

……

▶▶讨论：

请谈谈你对上述激励员工方法的认识，并请想想还有什么新方法。

想想看

项目经理应对的问题

案例来源：项目管理者联盟

某市电子政务信息系统工程，总投资额约500万元，主要包括网络平台建设和业务办公应用系统开发。通过公开招标，确定工程的承包单位是A公司。按照《合同法》的要求与A公司签订了工程建设合同，并在合同中规定A公司可以将机房工程这样的非主体、非关键性子工程分包给具备相关资质的专业公司B。而后，B公司将子工程转手给了C公司。

在随后的应用系统建设过程中，监理工程师发现A公司提交的需求规格说明书质量较差，要求A公司进行整改。此外，机房工程装修不符合要求，要求A公司进行整改。

A公司项目经理小丁在接到监理工程师的通知后，对于第二个问题拒绝了监理工程师的要求，理由是机房工程由B公司承建，且B公司经过了建设方的认可，要求追究B公司的责任，而不是自己公司的责任。对于第一个问题，小丁把任务分派给程序员老张进行修改，此时，系统设计工作已经在进行中，程序员老张独自修改了已进入基线的程序，小丁默许了他的操作。老张在修改了需求规格说明书以后通过邮件通知了系统设计人员。

合同生效后，小丁着手进行项目计划的编制，开始启动项目。由于工期紧张，甲方要求提前完工，总经理比较关心该项目，询问项目的一些进展情况。在项目汇报会议上，小丁给总经理递交了进度计划，总经理在阅读进度计划以后，向小丁指出任务之间的关联不是很清晰，要求小丁重新处理一下。新的计划出来了，在计划实施过程中，由于甲方的特殊要求，需要项目提前2周完工，小丁更改了项目进度计划，并且项目最终也按时完工。

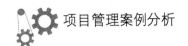项目管理案例分析

【问题】

1. 小丁在处理监理工程师提出的问题时是否正确？如果你作为项目经理，该如何处理？

2. 假设你被任命为本项目的项目经理，请问你对本项目的管理有何想法，本项目有哪些地方需要改进？

 小贴士

项目经理如何应对"忙"的困境

许多项目经理面临"忙"的困境：

离不开的现场、开不完的会、打不完的电话、填不完的表格、写不完的报告、协调不完的工作……

忙检查、忙汇报、忙巡视、忙批准、忙动员、忙请示、忙公关……

跑不完的路、扯不完的皮、操不完的心……

忙！忙！忙！

那么，怎样才能做个高效、轻松、健康、潇洒的项目经理？

其实，项目经理走出困境，要学会抓大放小，只需抓好如下关键问题：

(1) 项目的需求？

(2) 项目的范围？

(3) 项目的特点？

(4) 主要里程碑和彼此之间的制约关系？

(5) 关键岗位人员来源、到岗时间？

(6) 概预算的限制、资金流的趋势？

(7) 自己的权力范围？授权？

(8) 项目变更和趋势？

▶▶讨论：

你还有哪些可以帮助项目经理应对"忙"的新观点、新办法，请谈谈。

案例1-6 从《西游记》看项目团队

案例来源：世界经理人

唐僧团队不顾艰难险阻，去西天取经的目的究竟为何？是什么力量让他们遇到各色妖魔鬼怪和种种诱惑依然坚持不懈？一定是有一个内在的无比强大的动力在支撑着这个团队，这就是唐僧团队的使命、是这个团队形成的原因，是这个团队得以存在的理由、是这个团队取得成功的保证。唐僧团队的使命就是去西天取得真经，然后弘扬佛法、普度众生。这是千秋万代之伟业！

那么，这个使命是团队中每个人的使命吗？他们和这个使命的关系又是什么呢？

仔细盘点，唐僧团队的使命只是和唐僧个人的使命紧密联系在一起的，而其他人则只是保证这个使命的完成。

首先，唐僧是受唐朝皇帝之重托去取真经，然后回来普度众生；往前追溯，他是如来佛祖的弟子金蝉子转世，来到人间的目的也非常明确；再看看他的身份——和尚，不是他取经又是谁呢。取经不是目的，目的是取得真经后弘扬佛法、普度众生，这既实现了如来佛祖弘扬佛法的目的，也实现了皇帝教化百姓的目的，还实现了唐僧本人的职业目标。

其实，唐僧团队中其他人的使命都不是取经，更谈不上普度众生了！他们的使命就是保护唐僧去取经，更确切地说，他们的任务是消除取经路上的一切障碍。

最大的障碍是一路上的妖魔鬼怪。斩妖除魔，孙悟空当仁不让，这是他的首要任务，既是对唐僧救他于五行山下的报答，同时疾恶如仇是他的性格，斩妖除魔就是他的兴奋点，这样的事情不是他做又是谁呢。还有，孙悟空大闹天宫时名气大，有的妖怪听到他的名字就害怕，他搬救兵也方便得多，你想想只有如来佛祖能降伏的孙悟空，他打不过的妖怪来找自己，如果能摆平岂不是特有面子的一件事！然而，孙悟空的缺点也非常明显，遇事不冷静，而且爱出风头，逞个人英雄主义，如果是他和唐僧取经，一定会有功高盖主之嫌，虽然他的目的不是为了取经，但旁人会将取经的结果归功于他。而这就有悖于如来佛祖的初衷了。

于是，猪八戒就是一个非常重要的人物了。猪八戒好吃懒做也好、贪财好色也罢，但他毕竟有他的优点。首先，有些本领，在打妖怪的时候能出力；其次，他当初是天蓬元帅，天上的关系他都很熟，只不过有孙悟空，他在这方面没有更多表现的机会而已。最重要的两点是：第一，猪八戒人际关系好，谁都知道他有缺点，而当他犯了错误的时候，谁都没有真正地怪罪过他。你看，当孙悟空三打白骨精的时候，明明是做了正确的事，唐僧却大动肝火，而每次唐僧遇难猪八戒几乎都说要回高老庄，唐僧却从来没有怪罪过他；他私藏银子估计也是众人皆知的秘密，唐僧也没有说什么，可见猪八戒在人际关系处理这方面是非常厉害的。二是猪八戒能够牵制孙悟空，猪八戒说孙悟空坏话、打小报告，孙悟空就会辩解，这时人们再也不会看到孙悟空会和唐僧有什么矛盾，而是孙悟空和猪八戒的矛盾了，唐僧做错决定是因为猪八戒的挑唆，至少还有回旋的余地，这一点对于极爱面子的唐僧来说是非常重要的。

还得有干活的人，于是沙僧出现了，一路上默默无闻地挑着担子，特别听师傅的话，从来没有表示过不同意见，也几乎没有做错过一件事，团队中需要这样的人，踏踏实实、认认真真、勤勤恳恳、兢兢业业，他的价值就在于他一如既往地坚持做他的事。当然，也很少有人看到他作出什么样的成绩。因为行李换成谁都能挑，而妖怪不是谁都打得了的。果真如此吗？不一定，让孙悟空来挑行李试试，一定没有耐心；让猪八戒来试试，一定不爱干。每个人有自己的特点。

还有一个更容易被忽略的人物——白龙马，它一路上驮着唐僧，它的贡献几乎看不到。但是心甘情愿被人骑，没有白龙马这样的人，可以吗？

因此，唐僧团队的使命其实是唐僧个人的使命，其他人的使命就是帮助唐僧完成这个使命，不要强求所有人必须和这个团队的使命一致，只要他们能够有助于达成这个使命就足够了，也许这就是团队的意义。重要的是能够把团队成员都放到合适的位置上，最大限度地发挥他们的优势就行了！

 小贴士

员工招聘与人员调配的原则

1. 员工招聘"四原则"
- 经历切合原则
- 发展阶段切合原则

- 期望切合原则——前途还是"钱图"
- 个性切合原则

2. 人员调配"四原则"
- 因事设人原则
- 用人所长原则
- 协商一致原则
- 照顾差异原则

▶▶讨论：

试从唐僧团队或结合自己所做项目谈谈你对员工招聘与人员调配"四原则"的认识和理解。

第 2 章

项目范围管理篇

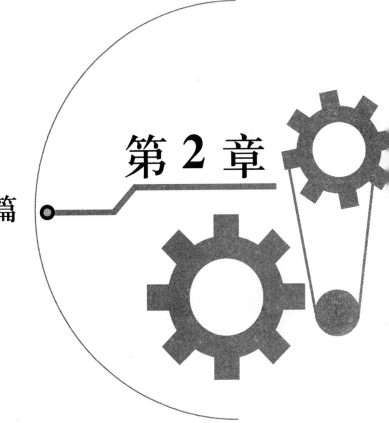

他山之石

项目的工作分解结构

某工业厂房建设项目,需给出完整合理的工作分解结构方案。

工作分解结构(Work Breakdown Structure,简称 WBS)是以可交付成果为导向将整个项目分解成互相独立、互相影响、互相联系的活动。创建 WBS 可以按项目产品组成部分进行分解或按照实施过程分解,以项目目标体系为主导,以项目技术系统范围和项目的总任务为依据,由上而下、由粗到细地逐级分解项目工作,直到项目工作充分得到定义。

对于该工业厂房建设项目,WBS 编码的层次划分如下:

第一层:项目名称,即完成项目包含的工作的总和。

第二层:项目阶段,是项目的主要可交付成果(重要里程碑)。

1. 规划
2. 设计
3. 采购
4. 设备制造
5. 施工准备
6. 建筑安装工程施工
7. 培训与指导
8. 工程验收

第三层:工程专业,是可交付的子成果。

1. 规划
   1.1 可行性研究
   1.2 设计任务书
   1.3 立项报批
2. 设计
   2.1 方案设计
   2.2 初步设计
   2.3 施工图设计
   2.4 竣工图纸
3. 采购
   3.1 总包招标
   3.2 监理招标
   3.3 设备招标
4. 设备制造
   4.1 非标设备设计
   4.2 设备制造
   4.3 设备运输
5. 施工准备

5.1 拆除
5.2 组建施工项目部
5.3 场地平整
5.4 通水通电
5.5 临设搭建
6. 建安工程
6.1 土方工程
6.2 钢结构
6.3 给排水
6.4 通风系统
6.5 照明
6.6 动力
6.7 配电
6.8 设备基础
6.9 设备安装
6.10 验收
7. 培训与指导
7.1 人员培训
7.2 操作指导
8. 工程验收
8.1 验收资料
8.2 验收申请
8.3 验收活动安排
8.4 验收鉴定书

第四层：对第三层各项继续分解，如对 6.1 土方工程，应继续划分为子项工程。例：

6.1 土方工程
  6.1.1 场地平整
  6.1.2 测量放线
  6.1.3 施工排水、降水
  6.1.4 基坑、基槽的开挖与回填
  6.1.5 地下工程
  6.1.6 地坪填土与碾压
  ……

WBS 不要太多层次，以四至六层为宜。最底层次的工作包的单元成本不宜过大、工期不要太长。

WBS 除了用行首缩进的表格形式表示外，也可以用树形的层次结构图来表示。本项目 WBS 层次结构图如图 2-1 所示。

WBS 图是实施项目、创造最终产品或服务所必须进行的全部活动的一张清单。通过 WBS 可以起到如下作用：

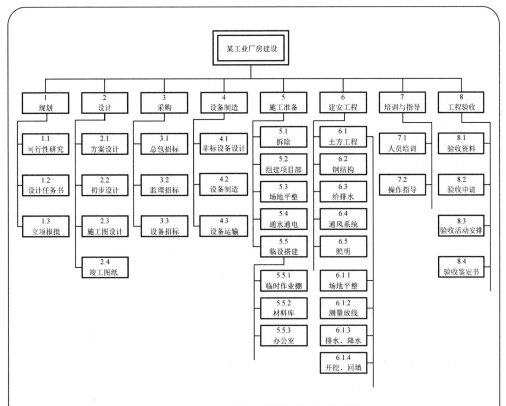

图 2-1 某工业厂房建设项目 WBS 结构图

（1）明确、准确地说明项目的范围；

（2）为每项细目分配人员并明确其责任；

（3）确定工作内容和工作顺序；

（4）为计划、预算、进度安排和费用控制奠定共同基础，确定项目进度测量和控制的标准；

（5）对各细目进行较准确的时间、费用和资源需要量的估算，对项目整体和全过程的费用进行估算。

问题：

假设你决定开设一家餐厅或其他你准备实施或熟悉的项目，请按照上述 WBS 原理将项目工作进行分解，并用层次结构图或者行首缩进的表格表示。

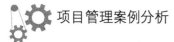

制定项目目标的"SMART"准则

项目目标管理中,有一项准则叫做"SMART",这是制定项目目标时,必须把握的五项要点:

- Specific

即制定的目标应该是明确的,而不能是模糊的。

- Measurable

即制定的目标必须是可衡量的,应尽可能采用量化的指标。

- Attainable

即制定的目标应该是在付出努力的情况下可实现的,避免过高或过低。

- Realistic

即制定的目标应该是现实性的,可以为目标开展行动并实施和完成。

- Time – based

即制定的目标要有时间要求,即必须给目标设定合理的完成期限。

▶▶讨论:

你或你所在的组织目前正在制定什么目标吗?无论目标大小,是否符合"SMART"准则呢?

案例 2-1 项目范围管理的困境

案例来源: 2006 年软件水平考试信息系统项目管理师考试试题

【案例正文】

小李是国内某知名 IT 企业的项目经理,负责西南某省的一个企业管理信息系统建设项目。在该项目合同中,简单地列出了几条项目承建方应完成的工作,据此小李自己制定了项目的范围说明书。

甲方的有关工作由其信息中心组织和领导,信息中心主任兼任该项目的甲方项目经理。可是在项目实施过程中，有时是甲方的财务部直接向小李提出变更要求，有时是甲方的销售部直接向小李提出变更要求，而且有时这些要求是相互矛盾的。面对这些变更要求，小李试图用范围说明书来说服甲方，甲方却动辄引用合同的相应条款作为依据，而这些条款或者太粗略、不够明确，或者小李跟他们有不同的理解。因此小李对这些变更要求不能简单地接受或拒绝，他为此而左右为难，感到很沮丧。如果不改变这种状况，项目的完成将会遥遥无期；如果改变，却又不知如何处理。

【问题】

1. 该问题产生的原因是什么？如何解决？
2. 如果你是小李，你怎样在合同谈判、计划和执行阶段分别进行范围管理？

【案例解析】

- 问题1

产生问题的原因及解决方法：

（1）项目的范围确定，一定要有关键用户的参与，并且达成一致，这样才能避免许多无意义需求的提出。

（2）项目团队的建立，一定要把关键部门的领导纳入团队，这样才能在前期明确需求，减少后期的需求变更。

（3）项目经理最好是业务经理，信息中心主任无法对具体的业务进行整体分析。

（4）变更是一定会产生的，但是变更的流程一定要确定，组建专门的变更评估小组，对各个变更进行整体的分析，这样会避免前后矛盾的变更。

（5）变更发生分歧的时候，要注意沟通。

- 问题2

进行范围管理的措施：

（1）合同谈判

① 合同谈判时，对合同的目标、预算、时间、范围、组织要有明确的说明。

② 有明确的绩效标准、明确的交付物规定。

③ 在项目计划和项目执行的阶段，不断完善合同的条款。

（2）项目计划

① 组建项目团队，选择企业的实权人物作为项目经理，把关键用户的领导纳入团队。

② 团队参与建立范围说明书，对范围说明书一定要达成共识，并且签字确认。

③ 根据范围说明书，定义活动，估算时间，建立进度计划，这个过程也要项目团队集体参与评估。

④ 当大家对项目的范围、预算、进度都达成共识后，才能进行下一步的工作。

⑤ 建立变更团队，对所有的需求变更进行总体分析。

（3）执行阶段

① 根据执行的实际情况，不断完善控制流程，比如里程碑、交付物、变更流程等。

② 对变更做好版本管理。

③ 定期检查实际实施情况和计划有无偏差，如果出现偏差要作出相应的措施进行纠正。

用较多的时间为一次工作事前计划，做这项工作所用的总时间就会减少。

——美国行为科学家布利斯

案例 2-2　地下条件引发的变更

某厂房建设场地原为农田。按设计要求在厂房建造时，厂房地坪范围内的耕植土应清除，基础必须埋在老土层下 2 米处。为此，业主在"三通一平"阶段就委托土方施工公司清除了耕植土并用好土回填压实至一定设计标高，故在施工招标文件中指出，施工单位无须再考虑清除耕植土问题。

某施工单位通过投标方式获得了该项工程施工任务，并与建设单位签订了固定总价合同。然而，施工单位在开挖基坑时发现，相当一部分基础开挖深度虽已达到设计标高，但仍未见老土，且在基坑和场地范围内仍有一部分深层的耕植土和池塘淤泥等必须清除。

为此，设计单位根据实际情况对原设计进行了修改，根据变更后的设计图纸，基坑开挖要加深加大，造成土方工程量增加，施工工效降低。在施工中又发现了较有价值的出土文物，造成承包商部分施工人员和机械窝工，同时承包商为保护文物付出了一定的措施费用。

【问题】

承包商应如何处理地质条件与勘察资料不符、设计修改和保护文物事件。

【案例解析】

在工程中遇到地基条件与原设计所依据的地质资料不符时，承包商应及时通知甲方，可建议甲方重新勘察并对原设计进行变更，并要求甲方及时提出处理意见。承包商在接到设计变更图纸后应及时向甲方提出因设计变更对工程费用和工期影响的书面报告。发现出土文物后，也应以书面形式及时通知甲方，同时采取妥善的保护措施。

承包商应及时向甲方提出因上述事件给承包商造成费用增加和工期延长的索赔要求，并提供相应的计算书及其证据。

案例 2-3　面对客户的需求变更

【案例正文】

A 信息技术有限公司是某市一家大型股份制软件企业，公司研发人员达到 200 人，主要从事电子政务应用系统和金融信息系统等方面的研发。A 公司具有较强的政府背景，公司副总经理兼技术总监张工原为该市政府信息中心总工程师，3 年前创立了 A 公司。目前 A 公司正在进行该市某政府机关的办公自动化系统研发，系统主要由公文管理、档案管理、公共信息、会议管理、领导办公、电子邮件、个人办公、业务管理、事务预警系统管理等子系统组成。由于 A 公司具有较好的技术和产品积累，整个系统于 3 个月前按进度计划开发完成，所用工期 5 个月，目前系统处于试运营阶段，运行情况良好。但是项目一直没有结项，项目中出现以下问题：

（1）频繁的需求变更。由于客户属于政府机关单位，客户不断提出一些变更需求，项目组就要处理这些变更需求。

（2）客户的工作效率低、节奏慢，很小的内部分歧也需要开会讨论。在项目实施过程中，严重单方面拖延实施进度，使项目不能按计划结项，造成项目延期。

（3）客户同A公司关系特别密切，不能完全按照合同进展，对合同规定的阶段验收不予回应，这些问题需要公司老总出面才能协调，项目经理控制协调明显乏力。

【问题】

1. 分析导致项目产生上述问题的原因，对于电子政务建设组织管理的关键是什么？

2. 如何有效控制电子政务项目的需求变更？对A公司项目经理提出解决问题的建议。

【案例解析】

- 问题1

我国的电子政务建设是伴随着政府机构和管理体制改革而进行的，电子政务应用系统的开发和建设只是手段，改革才是目的，对于不断快速变革的体制，项目需求也不断变化。由于作为甲方的政府的特殊地位，决定了用不同方式来约束甲方需求的变化往往是不现实的。

我国各级政府部门的信息化管理总体水平尚低，工作人员大都是行政管理人员，计算机应用能力偏低，在基层政府部门尤为突出。在这样的客户面前，"客户需求"往往无法在项目实施之前就清晰地描述和确认。另外，政府的具体工作人员无法承担一旦项目验收后，系统出现问题的责任，因此导致"用而不验"的现象。

由于上述原因，电子政务系统组织管理的关键应该是"制定阶段目标"，公司要先将电子政务系统的特性与客户在理念上进行沟通，双方达成共识：理想、完善的系统是不存在的，改革在深入，认识在提高，技术在发展，一味追求完善，不但公司棘手，系统也会不停地调整下去，得不到及时应用，而系统正是在应用中才能得以完善的。工作人员也正是在应用中提高认识和水平，进而提出更切合实际的需求，促进公司开发出更好的软件。

● 问题2

本案例中，项目经理需要特别注意加强沟通，与客户达成逐步建设的共识。与客户的沟通要掌握好一定的技巧，如果客户领导提出不必要的需求变更，项目经理可以进行解释和说服或提出实现的条件，如延长项目周期、增加项目费用等。通过列举变更给系统带来的问题和困难，使客户谨慎地提出变更需求，有效控制不合理或不切实际的变更。

对A公司项目经理提出解决问题的建议：需求变更之前要进行需求调查；对重大需求变更双方高层要及时沟通确认；对双方达成一致确需变更的要有清楚的书面协议；要明确变更阶段，变更宜早不宜迟；变更造成的后期目标调整要有承诺；确认变更对项目费用、工期等目标的影响；变更文档要齐全，变更后的各阶段目标要保证实现。企业的使命应当是创造客户，而不是简单地创造利润。通过把握和处理好项目的变更使双方的合作更紧密，增进与客户的良好关系，实现共赢。

> 管理箴言
>
> 如果允许项目内容随意改变，变化率会超过进展率。
>
> ——项目管理谚语

如何实现与客户双赢

案例来源：信管网

某信息技术有限公司（乙方）承担建设单位（甲方）的一项大型信息系统工程项目，工程双方签订的合同规定工期为8个月。合同签订后乙方严格按照软件工程方法进行项目的需求调研（细化）、设计、编码、测试，并于工程正式开工前制订了详细的工程实施计划。

甲方欲在本年度参评先进单位，想以此工程项目建设的成果作为评选先进的资本。于是在合同签订后20天内，向乙方提出赶工期的要求，要求将总工期由8个月压缩到6个月，同时去掉合同中确定的部分功能点，并新增加部分功能点。

甲方在过去三年中与乙方签订过两个大合同，乙方一向视甲方为公司的大客户，是公司主要的业务来源，因此乙方总经理认为不能轻易得罪甲方。乙方同意了甲方压缩工期、变更部分需求范围的要求。

由于工期的压缩，乙方感到工期很紧张，于是，在没有全面完成高层设计工作的情况下，匆忙开展详细设计工作；在详细设计工作尚未基本成型的前提下，编码人员就开始了编码。即乙方实施工程项目的方案为：概要设计、详细设计、编码、单元测试并行进行。而且，由于工期的压缩，乙方软件工程师吃紧，不得不临时从社会上招聘了4位软件工程师补充项目组。

然而，即使乙方人员加班加点工作，问题还是出现了。由于临时变更部分需求范围，导致原先制订的系统建设方案被打破，而临时的变更又未进行深入的分析，导致在项目实施过程中，频繁地出现需求变更导致设计变更、编码变更，重复性工作和返工工程量陡然增加。

由于工期紧张，系统开发完成后，未经过充分的测试就匆忙投入运行，在系统投入运行的过程中，系统中隐藏的缺陷暴露出来，使甲方遭受了较大的经济损失。

结果甲方不仅未能评上先进单位，还给公司造成经济损失。甲方认为损失都是由于乙方项目管理不善所造成的，要求乙方赔偿经济损失。

问题：

1. 分析有哪些情况会引起项目变更？如何看待设计变更？
2. 甲方遭受的经济损失应当由谁承担，如何承担？请说明理由。
3. 如果你是本项目的乙方，如何能做到甲乙双方实现双赢？

第 3 章

项目招投标
管理篇

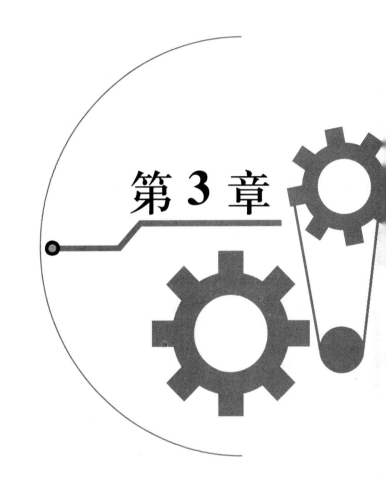

案例 3-1 项目招投标问题诊断

案例来源：2005 年建造师考试案例分析试题

【案例正文】

某省重点工程项目计划于某年 12 月 28 日开工，由于工程复杂，技术难度高，一般施工队伍难以胜任，业主自行决定采取邀请招标方式。于当年 9 月 8 日向通过资格预审的 A、B、C、D、E 五家施工承包企业发出了投标邀请书。这五家企业均接受了邀请，并于规定时间 9 月 20—22 日购买了招标文件。招标文件规定，10 月 18 日下午 4 时是投标截止时间，11 月 10 日发出中标通知书。

在投标截止时间前，A、B、D、E 四家企业提交了投标文件，但 C 企业于 10 月 18 日下午 5 时才送达，原因是路上堵车。10 月 21 日下午由当地招标投标监督管理办公室主持进行了公开开标。

评标委员会成员由 7 人组成，其中当地招标监督管理办公室 1 人、公证处 1 人、招标人 1 人、技术经济方面专家 4 人。评标时发现 E 企业投标文件虽无法定代表人签字和委托人授权书，但投标文件均有项目经理签字并加盖了单位公章。评标委员会于 10 月 28 日提出了书面评标报告。B、A 企业分列综合得分第一名、第二名。由于 B 企业投标报价高于 A 企业，11 月 10 日招标人向 A 企业发出了中标通知书，并于 12 月 12 日签订了书面合同。

【问题】

1. 业主自行决定采取邀请招标方式的做法是否妥当？说明理由。
2. C 企业和 E 企业的投标文件是否有效？分别说明理由。
3. 请指出开标工作的不妥之处，说明理由。
4. 请指出评标委员会成员组成的不妥之处，说明理由。
5. 招标人确定 A 企业为中标人是否违规？说明理由。
6. 合同签订的日期是否违规？说明理由。

【案例解析】

● 问题 1

业主自行决定采取邀请招标方式招标的做法不妥当。因为该项工程属省重点工程项目，依据有关规定应该进行公开招标。如果采取邀请招标方式招标，应当取得当地招标投标监督管理机构的同意。

● 问题 2

C 企业的投标文件应属无效标书。因为 C 企业的投标文件是在招标文件要求提交投标文件的截止时间后才送达，为无效的投标文件，招标人应当拒收。E 企业的投标文件应属无效标书。因为 E 企业的投标文件没有法人代表签字和委托人的授权书。

● 问题 3

该项目的开标工作存在以下不妥之处：

（1）在 10 月 21 日开标不妥，《中华人民共和国招标投标法》（以下简称《招标投标法》）规定，开标应当在招标文件确定的提交投标文件截止时间的同一时间公开进行开标，所以正确的做法应该是在 10 月 18 日下午 4 时开标。

（2）开标由当地招标投标监督管理办公室主持开标的做法不妥当，按照有关规定开标应由招标人主持。

● 问题 4

评标委员会成员的组成存在如下问题：

（1）评标委员会成员中有当地招标投标监督管理办公室人员不妥，因招标投标监督管理办公室人员不可以参加评标委员会。

（2）评标委员会成员中有公证处人员不妥，因为公证处人员不可以参加评标委员会。

（3）评标委员会成员中技术、经济等方面的专家只有 4 人不妥，因为按照规定评标委员会中技术、经济等方面的专家不得少于成员总数的 2/3，由 7 人组成的评标委员会中技术、经济方面的专家必须要有 5 人或 5 人以上。

● 问题 5

招标人确定 A 企业为中标人是违规的，在按照综合评分法评标时，因投标报价已经作为评价内容考虑在得分中，再重新单列投标报价作为中标依据显然不合理，招标人应按综合得分先后顺序选择中标人。

● 问题 6

合同签订的日期违规。按有关规定招标人和中标人应当自中标通知书发出之日起 30 日内，按照招标文件和中标人的投标文件订立书面合同，即招标人必须在 12 月 10 日前与中标单位签订书面合同。

案例 3-2　项目招投标中的是与非

【案例正文】

某大型工程项目由政府投资建设，业主委托某招标代理公司代理施工招标。招标代理公司确定该项目采用公开招标方式招标。招标公告在当地政府规定的招标信息网上发布，招标文件中规定：投标担保可采用投标保证金或投标保函方式担保。评标办法采用经评审最低投标价法。投标有效期为 60 天。

业主对招标代理公司提出以下要求：为了避免潜在的投标人过多，项目招标公告只在本市日报上发布，且采用邀请招标方式招标。

项目施工招标信息发布以后，共有 12 家潜在的投标人报名参加投标。业主认为报名参加投标的人数太多，为减少评标工作量，要求招标代理公司仅对报名的潜在投标人的资质条件、业绩进行资格审查。

开标后发现：

(1) A 投标人的投标报价为 8 000 万元，为最低投标价，经评审后推荐其为中标候选人。

(2) B 投标人在开标后又提交了一份补充说明，提出可以降价 5%。

(3) C 投标人提交的银行投标保函有效期为 70 天。

(4) D 投标人投标文件的投标函盖有企业及企业法定代表人的印章，但没有加盖项目负责人的印章。

(5) E 投标人与其他投标人组成了联合体投标，附有各方资质证书，但没有联合体共同投标协议书。

(6) F 投标人的投标报价最高，故 F 投标人在开标后第二天撤回了其投标文件。

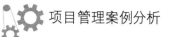

经过对投标书的评审，A 投标人被确定为中标候选人。发出中标通知书后，招标人和 A 投标人进行合同谈判，希望 A 投标人能再压缩工期、降低费用。经谈判后双方达成一致：不压缩工期，降价 3%。

【问题】

1. 业主对招标代理公司提出的要求是否正确？说明理由。
2. 分析 A、B、C、D、E 投标人的投标文件是否有效？说明理由。
3. F 投标人的投标文件是否有效？对其撤回投标文件的行为应如何处理？
4. 该项目施工合同应该如何签订？合同价格应是多少？

【案例解析】

● 问题 1

（1）业主提出招标公告只在本市日报上发布是不正确的。因公开招标项目的招标公告必须在指定媒介发布，任何单位和个人不得非法限制招标公告的发布地点和发布范围。

（2）业主要求采用邀请招标是不正确的。因该工程项目由政府投资建设，相关法规规定："全部使用国有资金投资或国有资金投资控股或者占主导地位的项目"，应当采用公开招标方式招标。如果采用邀请招标方式招标，应由有关部门批准。

（3）业主提出的仅对潜在投标人的资质条件、业绩进行资格审查是不正确的。因资质审查的内容还应包括：①信誉；②技术；③拟投入人员；④拟投入机械；⑤财务状况等。

● 问题 2

（1）A 投标人的投标文件有效。

（2）B 投标人的投标文件（或原投标文件）有效。但补充说明无效，因开标后投标人不能变更（或更改）投标文件的实质性内容。

（3）C 投标人的投标文件无效，因为投标保函的有效期应超过投标有效期 30 天（或 28 天），或在投标有效期满后的 30 天（或 28 天）内继续有效。

（4）D 投标人的投标文件有效。

（5）E 投标人的投标文件无效。因为组成联合体投标的，投标文件应附联合体各方共同投标协议。

- 问题 3

F 投标人的投标文件有效。招标人可以没收其投标保证金,给招标人造成的损失超过投标保证金的,招标人可以要求其赔偿。

- 问题 4

(1) 该项目应自中标通知书发出后 30 日内按招标文件和 A 投标人的投标文件签订书面合同,双方不得再签订背离合同实质性内容的其他协议。

(2) 合同价格应为 8 000 万元。

 小贴士

> "招投标十八怪"
>
> 彩色小球摇起来,奖项加分区别开;
> 标书售价不实在,出圈企业又进来;
> 明招暗定最精彩,串通一气搞排外;
> 项目标段分两块,评标办法随意改;
> 时间苦短最无奈,巨额保金押进来;
> 公开评标不公开,中标依据没法猜;
> 完整项目分几块,标底能够透出来;
> 中介人物怪中怪,多家同时要原件;
> 评分意向业主来,阴阳合同同时在。

▶▶讨论:

有人将一些项目招投标中的违规和奇怪现象归纳为如上"十八怪",谈谈你对此的认识,并结合《招标投标法》及《中华人民共和国招标投标法实施条例》进行诊断。

案例 3-3　项目投标资格条件问题

【案例正文】

某广播电台的"广播稿件计算机处理系统"建设项目经国家主管部门批

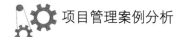

准立项，建设资金包括国家技术改造专项资金、地方配套资金和单位自有资金。

按照有关规定，该广播电台委托某招标代理机构采用公开招标方式选择承建单位。招标公告中对投标人资格提出了以下条件：

（1）依法经本市工商部门注册的合格的法人或其他组织。

（2）银行信用等级为A。

（3）具有计算机信息系统集成一级资质证书。

（4）能够为本项目指派具有计算机信息系统集成项目经理资质证书的项目经理。

（5）从事传媒行业计算机信息系统集成业务两年以上（含两年）。

（6）完成过三个以上（含三个）传媒行业的计算机信息系统集成项目。

（7）对本项目所需主要软件拥有著作权或具有本项目所需主要软件的著作权人出具的代理（授权）销售证书。

（8）近两年运营状况良好，无亏损记录。

（9）近期不会有带来不良影响的重大诉讼事项。

A公司是一家面向传媒行业的软件开发公司，但无计算机信息系统集成资质证书；B公司是一家专门从事计算机信息系统集成业务的计算机技术服务公司，具有计算机信息系统集成一级资质证书，但从未承担过传媒行业的计算机信息系统集成项目。A、B两公司决定本着优势互补的原则组成一个联合体，以一个投标人的身份共同投标。

C公司是一家大型综合性信息产业集团公司，具有计算机信息系统集成一级资质证书。其属下的系统集成部从事传媒行业计算机信息系统集成业务两年以上，完成过三个以上传媒行业的计算机信息系统集成项目。D公司是一家上市的纺织企业，因经营不善造成严重亏损。C公司以购买股权的方式，成为D公司的控股股东后又以资产置换的方式将其系统集成部的全部资产置换到D公司，系统集成部的全部员工也与C公司解除劳动合同后又与D公司签订劳动合同。由于D公司明显不符合招标文件对投标人资格条件的规定，C公司决定单独投标，并与D公司签署协议，拟在中标后将中标项目整体转包给D公司。C 公司、D 公司所签协议作为投标文件的组成部分已在规定时间内提交招标代理机构。

【问题】

1. 招标公告中对投标人资格所提条件中，哪些是合法的？哪些是违法的？
2. A、B 两公司所组成的联合体是否符合招标文件对投标人资格条件的规定？
3. C 公司的做法是否符合有关的法律规定？

【案例解析】

- 问题 1

该项目部分使用国家技术改造专项资金，依法必须进行招标，其招标投标活动不受地区或者部门的限制，不得限制或者排斥本地区、本系统以外的法人或者其他组织参加投标，要求投标人必须经"本市工商部门注册"这一条明显违法。

银行信用等级、系统集成资质和项目经理资质可以体现投标人的资信和资质，从事同类项目的时间和数量可以体现投标人的经验、能力和业绩，要求投标人项目所需主要软件拥有著作权或具有软件著作权人出具的代理（授权）销售证书可以避免知识产权纠纷，要求投标人无亏损记录、不会有带来不良影响的重大诉讼事项可以规避风险。这几条要求都是合法的，也是必要的。

- 问题 2

两个以上（含两个）法人或者其他组织可以组成一个联合体，以一个投标人的身份共同投标。但联合体各方均应当具备承担招标项目的相应能力。国家有关规定或者招标文件对投标人资格条件有规定的，联合体各方均应当具备规定的相应资格条件。由同一专业的单位组成的联合体，按照资质等级较低的单位确定资质等级。A 公司无计算机信息系统集成一级资质证书，B 公司没有承担传媒行业计算机信息系统集成项目的经验，两者均不符合招标文件对投标人资格条件的规定，因而 A、B 两公司所组成的联合体也不符合招标文件对投标人资格条件的规定。

- 问题 3

投标人可以根据招标项目实际情况，在投标文件中载明，拟在中标后将中标项目的部分非主体、非关键性工作进行分包，但不得向他人整体转让中标项目。C公司虽具有计算机信息系统集成一级资质证书，但因其系统集成部已被置换到D公司，实际上已不再具有承担计算机信息系统集成项目的能力。C公司拟在中标后将中标项目整体转包给D公司的做法违反了《招标投标法》的有关规定。

案例3-4 联合体投标问题分析

案例来源：2010年全国造价工程师考试案例分析试题

【案例正文】

某政府投资项目，主要分为建筑工程、安装工程和装修工程三个部分，项目投资为5 000万元，其中，估价为80万元的设备由招标人采购。

招标文件中，招标人对投标有关时限的规定如下：

（1）投标截止时间为自招标文件停止出售之日起第15日上午9时整；

（2）接受投标文件的最早时间为投标截止时间前72小时；

（3）若投标人要修改、撤回已提交的投标文件，须在投标截止时间24小时前提出；

（4）投标有效期从发售投标文件之日开始计算，共90天。

并规定，建筑工程应由具有一级以上资质的企业承包，安装工程和装修工程应由具有二级以上资质的企业承包，招标人鼓励投标人组成联合体投标。

在参加投标的企业中，A、B、C、D、E、F为建筑公司，G、H、J、K为安装公司，L、N、P为装修公司，除了K公司为二级企业外，其余均为一级企业，上述企业分别组成联合体投标，各联合体具体组成见表3-1。

表3-1 各联合体标号及组成

联合体标号	I	II	III	IV	V	VI	VII
联合体组成	A和L	B和C	D和K	E和H	G和N	F、J和P	E和L

在上述联合体中，某联合体协议中约定：若中标，由牵头人与招标人签订合同，然后将该联合体协议送交招标人；联合体所有与业主的联系工作以及内部协调工作均由牵头人负责；各成员单位按投入比例分享利润并向招标人承担责任，且需向牵头人支付各自所承担合同额部分1%的管理费。

【问题】

1. 该项目估价为 80 万元的设备采购是否可以不招标？说明理由。
2. 分别指出招标人对投标有关时限的规定是否正确，说明理由。
3. 按联合体的编号，判别各联合体的投标是否有效？若无效，说明原因。
4. 指出上述联合体协议中的错误之处，说明理由或写出正确的做法。

【案例解析】

- 问题 1

不可以不招标。根据工程建设项目招标范围和规模标准规定，重要设备、材料等货物的采购，单项合同估算价虽然在 100 万元人民币以下，但项目总投资额在 3 000 万元人民币以上的，必须进行招标。虽然该项目设备采购估价为 80 万元，但是项目总投资额在 5 000 万元，所以必须进行招标。

- 问题 2

第(1)条规定不正确。《招标投标法》规定：投标截止日期是从招标文件开始发售之日起 20 天以上。

第(2)条规定不正确。《招标投标法》规定：招标人接受投标文件为投标截止日期之前的任何时间。

第(3)条规定不正确。《招标投标法》规定：投标人要修改、撤回已提交的投标文件，须在投标截止时间之前提出。

第(4)条规定不正确。《招标投标法》规定：投标有效期应该从投标截止日期之日开始计算，不得少于 30 天。不是从发售投标文件之日开始计算。

- 问题 3

编号为Ⅲ的投标联合体投标无效。因为《招标投标法》规定，由同一专业的单位组成的联合体，按照资质等级较低的单位确定资质等级，而 K 公司为二级企业，故编号为Ⅲ的联合体的资质为二级，不符合招标文件规定的要求，为无效投标。

编号为Ⅳ和Ⅶ的投标联合体投标无效。因为 E 单位参加了两个投标联合体，根据相关规定，联合体各方签订共同投标协议后，不得再以自己名义单独投标，也不得组成新的联合体或参加其他联合体在同一项目中投标。

其他编号的投标联合体投标有效。因为《招标投标法》规定：联合体各方均应当具备承担招标项目的相应能力；国家有关规定或者招标文件对投标人资格条件有规定的，联合体各方均应当具备规定的相应资格条件。

● 问题4

上述联合体协议中的错误有：

（1）先签合同后交联合体协议是错误的。根据规定，应该在投标时递交联合体协议，否则是废标。

（2）牵头人与招标人签订合同是错误的。根据规定，联合体中标的，联合体各方应当共同与招标人签订合同。

（3）联合体所有与业主方的联系工作以及内部协调工作，在没有递交授权书的情况下，均由牵头人负责是错误的。根据规定，联合体各方必须指定牵头人，授权其代表所有联合体成员负责投标和合同实施阶段的主办、协调工作，并应当向招标人提交由所有联合体成员法定代表人签署的授权书。

（4）各成员单位按投入比例分享利润并向招标人承担责任是错误的。根据规定，联合体中标的，联合体各方应当共同与招标人签订合同，就中标项目向招标人承担连带责任。

不平衡报价的得与失

发包商某新建制药厂房向社会招标，厂房为单层局部三层框架结构，总建筑面积70万平方米。采用"最低评标价"评标，中标单位中标价为7 776.17万元。

中标单位采用如下不平衡报价：

（1）防水材料的市场价为29元/平方米，报价压低至17元/平方米。设计为三层防水面积13.5万平方米，将其压低的162万元的造价转移到主体钢筋混凝土结构中。

（2）将外墙磁片、内墙面砖材料单价每平方米压低12元，内外墙装饰面积共计约12万平方米，也将压低的144万元左右的造价转移至主体钢筋混凝土结构中。

承包商分析认为：防水和装饰工程是利润较高的分项工程，如果发包商强行将这一分项工程剥离出去，分包给其他承包商，也只能按投标报价剥出，这样做就可以防止发包商强行分包这一分项工程。根据相关规定，主体工程不能分包，所以承包商把压低的306万元（162+144）全部转移到主体工程之中。

又有一新建工业厂房项目招标，厂房为单层框架结构，大理石地面，车间吊顶设计为铝合金扣板，内墙面及部分车间顶棚设计为防霉涂料。该项目采用工程量清单合同，根据所报单价按实际完成工程量进行结算。

承包商采用不平衡报价投标并中标，其报价策略是：大理石地面、铝合金扣板吊顶综合单价报高价；内墙面、顶棚防霉涂料单价报低价。

在项目执行过程中业主进行了变更，将大理石地面改为工业耐磨地坪，取消了吊顶，增加防霉涂料工程量。结果使承包商承受了损失。

讨论：

通过案例谈谈对不平衡报价策略应如何看待和应用。

 工具箱

投标的SWOT策略

联合策略：
　与优势企业组成联合体或分包；
　利用代理；
　提高资质业绩；
　吸纳人才资源；
　公关；
　满足特殊需要。

扩张策略：
　增加投标次数；
　选大项目；
　取高利润；
　独立投标；
　招兵买马、对外分包。

劣势（W） ——— 优势（S）

收缩策略：
　削减投标；
　缩减开支、人员；
　撤资；
　选择新行当。

微利策略：
　慎选投标机会；
　选资历要求相当的标；
　低价保质；
　保本微利。

机会（O）／威胁（T）

▶▶**讨论：**

请谈谈你对上述SWOT策略的认识并补充新的策略。

案例 3-5 项目评标评分及定标

案例来源：2009 年全国造价工程师考试案例分析试题

【案例正文】

某市政府拟投资建一大型垃圾焚烧发电站工程项目。该项目除厂房及有关设施的土建工程外，还有进口垃圾焚烧发电设备及垃圾处理专业设备的安装工程。厂房范围内地质勘察资料反映地基条件复杂，地基处理采用钻孔灌注桩。招标单位委托某咨询公司进行全过程投资管理。该项目厂房土建工程有 A、B、C、D、E 共五家施工单位参加投标，资格预审结果均合格。招标文件要求投标单位将技术标和商务标分别封装。评标原则及方法如下：

（1）采用综合评估法，按照得分高低排序，推荐三名合格的中标候选人。

（2）技术标共 40 分。其中，施工方案 10 分，工程质量及保证措施 15 分，工期、业绩信誉、安全文明施工措施各 5 分。

（3）商务标共 60 分。①若最低报价低于次低报价 15% 以上（含 15%），最低报价的商务标得分为 30 分，且不再参加商务标基准价计算。②若最高报价高于次高报价 15% 以上（含 15%），最高报价的投标按废标处理。③人工、钢材、商品混凝土价格参照当地有关部门发布的工程造价信息，若低于该价格 10% 以上时，评标委员会应要求该投标单位作必要的澄清。④以符合要求的商务报价的算术平均数作为基准价（60 分），报价比基准价每下降 1% 扣 1 分，最多扣 10 分；报价比基准价每增加 1% 扣 2 分，扣分不保底。

各投标单位的技术标得分和商务标报价见表 3-2、表 3-3。

评标过程中又发生 E 投标单位不按评标委员会要求进行澄清，说明补正。

表 3-2 各投标单位技术标得分汇总表

投标单位	施工方案	工期	质保措施	安全文明施工	业绩信誉
A	8.5	4	14.5	4.5	5
B	9.5	4.5	14	4	4
C	9.0	5	14.5	4.5	4
D	8.5	3.5	14	4	3.5
E	9.0	4	13.5	4	3.5

表3-3 各投标单位报价汇总表

投标单位	A	B	C	D	E
报价（万元）	3 900	3 886	3 600	3 050	3 784

【问题】

1. 该项目应采取何种招标方式？如果把该项目划分成若干个标段分别进行招标，划分时应当综合考虑的因素是什么？本项目可如何划分？
2. 按照评标办法，计算各投标单位商务标得分。
3. 按照评标办法，计算各投标单位综合得分。
4. 推荐合格的中标候选人，并排序。

【案例解析】

- 问题1

（1）应采取公开招标方式。因为根据有关规定，垃圾焚烧发电站项目是政府投资项目，属于必须公开招标的范围。

（2）标段划分应综合考虑以下因素：招标项目的专业要求、招标项目的管理要求、对工程投资的影响、工程各项工作的衔接，但不允许将工程肢解成分部分项工程进行招标。

（3）本项目可划分成：土建工程、垃圾焚烧发电进口设备采购、设备安装工程三个标段招标。

- 问题2

计算各投标单位商务标得分：

（1）最低D与次低C报价比：(3 600 - 3 050)/3 600 = 15.28% > 15%

最高A与次高B报价比：(3 900 - 3 886)/3 886 = 0.36% < 15%

承包商D的报价（3 050万元）在计算基准价时不予以考虑，且其商务标得分为30分。

（2）E投标单位不按评委要求进行澄清和说明，按废标处理。

（3）基准价 = (3 900 + 3 886 + 3 600)/3 = 3 795.33（万元）

（4）计算各投标单位商务标得分，如表3-4所示。

表3-4 投标单位商务标得分计算

投标单位	报价（万元）	报价与基准价比例（%）	扣分	得分
A	3 900	3 900÷3 795.33=102.76	(102.76−100)×2=5.52	54.48
B	3 886	3 886÷3 795.33=102.39	(102.39−100)×2=4.78	55.22
C	3 600	3 600÷3 795.33=94.85	(100−94.85)×1=5.15	54.85
D	3 050			30
E	3 784	按废标处理		

● 问题3

计算各投标单位综合得分，如表3-5所示。

表3-5 投标单位综合得分计算

投标单位	技术标得分	商务标得分	综合得分
A	8.5+4+14.5+4.5+5=36.5	54.48	90.98
B	9.5+4.5+14+4+4=36.00	55.22	91.22
C	9.0+5+14.5+4.5+4=37.00	54.85	91.85
D	8.5+3.5+14+4+3.5=33.50	30	63.5
E	按废标处理		

● 问题4

推荐中标候选人及排序：1. C；2. B；3. A。

想想看

中标单位如何确定

某工程采用公开招标，有A、B、C、D、E、F六家承包商参加投标，经资格预审这六家承包商均满足要求。该工程采用两阶段评标法，评标委员会由7人组成，具体评标规定如下：

(1) 第一阶段评技术标：共40分。其中，施工方案15分，总工期8分，工程质量6分，项目班子6分，企业信誉5分。技术标各项内容的得分，为评标委员会评分去掉一个最高和最低分后的算术平均数；技术标合计得分不满28分，不再评其商务标。各项得分如表3-6和表3-7所示。

表3-6 施工方案评分汇总表

投标单位	评委1	评委2	评委3	评委4	评委5	评委6	评委7
A	13.0	11.5	12.0	11.0	11.0	12.5	12.5
B	14.5	13.5	14.5	13.0	13.5	14.5	14.5
C	12.0	10.0	11.5	11.0	10.5	11.5	11.5
D	14.0	13.5	13.5	13.0	13.5	14.0	14.5
E	12.5	11.5	12.0	11.0	11.5	12.5	12.5
F	10.5	10.5	10.5	10.0	9.5	11.0	10.5

表3-7 其他方面汇总表

投标单位	总工期	工程质量	项目班子	企业信誉
A	6.5	5.5	4.5	4.5
B	6.0	5.0	5.0	4.5
C	5.0	4.5	3.5	3.0
D	7.0	5.5	4.5	4.5
E	7.5	5.0	4.0	4.0
F	8.0	4.5	4.0	3.5

(2) 第二阶段评商务标：共60分。以标底的50%与承包商报价算术平均数的50%之和为基准价，但最高（最低）报价高于（次低）报价的15%者，在计算承包商报价算术平均数时不予考虑，且商务标得分为15分；以基准价为满分60分，报价比基准价每下降1%，扣1分，最多扣10分；报价比基准价每增加1%，扣2分，扣分不保底；标底和各报价如表3-8所示。

表3-8 各投标单位报价 （单位：万元）

投标单位	A	B	C	D	E	F	标底
报价	13 656	11 108	14 303	13 098	13 241	14 125	13 790

问题：

1. 按综合得分最高者中标的原则确定中标单位。

2. 若该工程无标底，以各报价的算术平均数为基准价，其余规定不变，试按原定标原则确定中标单位。

第 4 章

项目进度管理篇

案例 4-1　项目进度的问题和困境

案例来源：项目管理者联盟

【案例正文】

某公司准备开发一个软件产品。在项目开始的第一个月，项目团队给出了一个非正式的、粗略的进度计划，估计产品开发周期为 12—18 个月。1 个月以后，产品需求报告已经写完并得到批准，项目经理制定了一个 12 个月期限的进度表。因为这个项目与以前的一个项目类似，项目经理为了让技术人员去做一些设计、开发等"真正的"工作，在制订计划时就没让技术人员参加，而是自己编写了详细进度表并交付审核。每个人都相当乐观，都知道这是公司很重要的一个项目，然而没有一个人重视这个进度表。公司要求尽早交付客户产品的两个理由是：（1）为下一个财年获得收入；（2）有利于确保让主要客户选择这个产品而不是竞争对手的产品。团队中没有人对尽快交付产品产生怀疑。

在项目开发阶段，许多技术人员认为计划安排得太紧，既没考虑节假日，也没有将新员工需要熟悉和学习的时间考虑进去，计划是按最高水平的人员的进度安排的。除此之外，项目成员也提出了其他一些问题，但基本都没有得到相应的重视。为了减少技术人员的抱怨，计划编制者将进度表中的计划工期延长了两周。虽然这不能完全满足技术人员的需求，但还是必要的，在一定程度上减少了技术人员的工作压力。技术主管经常说：产品总是到非做不可时才做，所以才会有现在这样一大堆要做的事情。计划编制者抱怨说：项目中出现的问题都是由于技术主管人员没有更多的商业头脑造成的，他们没有意识到为了把业务做大，需要承担比较大的风险，技术人员不懂得做生意，我们不得不促使整个组织去完成这个进度。

在项目实施过程中，这些争论一直很多，几乎没有一次能达成一致意见。商业目标与技术目标总是不能达成一致。为了项目进度，项目的规格说明书被匆匆赶写出来。但提交评审时，尽管大家意见很多，认为很不完善，但为了赶进度，也只好接受。在原来的进度表中有对设计进行修改的时间，但因前期分析阶段拖延了进度，即使是加班加点工作，进展也很缓慢。这之

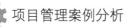

后的编码、测试计划和交付物也因为不断修改规格说明书而不断进行修改和返工。

12个月过去了，测试工作的实际进度比计划进度落后了6周，为了赶进度，人们将单元测试与集成测试同步进行。麻烦接踵而来，由于开发小组与测试小组同时对代码进行测试，两个组都会发现错误，但是对测试人员发现错误的响应却很迟缓，开发人员正忙于完成自己的工作。为了解决这个问题，项目经理命令开发人员优先解决测试组提出的问题，并且强调测试的重要性，但最终的代码中还是有很多问题。

现在进度已经拖后10周，开发人员加班过度，经过如此长的加班，大家都很疲惫，也很灰心和急躁，工作还没有结束，如果按照目前的进度方式，整个项目工期将比原计划拖延4个月。

【问题】

1. 在本案例中，问题产生的原因是什么？我们能吸取什么教训？
2. 编制计划时，邀请项目组成员参与有哪些好处？

【案例解析】

- 问题1

项目启动时没有就项目的范围、技术可行性、资源可利用性等进行充分论证和评估，计划制订时没有做好评审，项目联系人的沟通工作没有做好，风险控制没有做好。做计划时，没有留出风险控制期。所有进度按照最紧张的工期来做，一旦有地方出现问题，进度延误就成了必然。

对项目的组成人员中既有新员工又有老员工的情况，做计划时一定要考虑新员工前期的培训周期，这是影响计划的一个重要因素。按照人员定周期时，还要考虑每位员工实际的工作能力。

- 问题2

做项目计划时，商务代表、客户代表、项目管理人员、QA（质量保证）人员、项目技术骨干，甚至公司的技术委员会成员等都要参与，至少在评审时一定要参与。让大家都了解项目的背景、意义和要求，以统一思想，减少沟通风险和技术风险，使进度计划的评估更贴近实际。

 小故事

查尔斯·史瓦波，美国伯利恒钢铁公司的总裁。他一度陷入公司的文山会海里不能自拔，终于有一天，他亲自拜会著名的时间管理专家阿维·利，向他请教时间效率管理的秘诀。阿维·利告诉他，可以在五分钟之内给史瓦波一样东西，使他的公司业绩提高至少50%。然后，他递给史瓦波一张空白纸。

"我们来做一个实验，先在这张纸上写下你明天要做的最重要的五件事。"

史瓦波照他所说写下了五件事。

"用数字标出每件事情对于你和你的公司的重要性次序。"阿维·利又说道。

史瓦波只用了不到两分钟，就把这些事情标出来了。阿维·利看了看他，把那张纸折叠起来，递给史瓦波，对他说道："从明天早上开始，你就按照这张纸条上所写的第一件事去做。不要看其他的，只看第一件事。着手办第一件事，直至完成。然后再去做第二件事、第三件事……直到你下班。如果直到下班，你只做完第一件事，那也不要紧。因为你总是做着最重要的事情。"

整个拜会，只用了不到半个钟头。临出门的时候，阿维·利说："这个实验你愿意做多久就做多久，然后给我寄张支票来，你认为值多少就给我多少。"

几个星期之后，史瓦波给阿维·利寄去一张2.5万美元的支票和一封信。信上说无论从哪个角度看，这都是他一生中最有价值的一课。

史瓦波每天都坚持这样做。后来，他又叫公司所有的人都这样做。五年之后，这个当年不为人知的小钢铁厂一跃成为了世界上的超级钢铁厂。

项目进度管理流程图

某发电集团公司项目进度管理流程图如下所示:

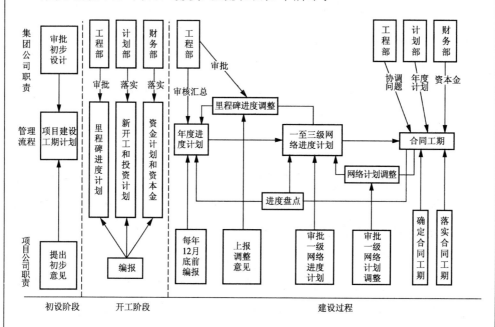

问题:

请根据某发电集团公司项目进度管理流程图分析项目计划的递进过程,以及集团公司和项目公司对计划制订的分工与协调关系。

案例 4-2 双代号网络计划分析

【案例正文】

某基础工程施工分为 1、2、3 三个施工段,每段施工包括挖土方("挖")、做灰土垫层("垫")、砌基础("基")三个施工过程,组织流水施工,项目分解结果、工作持续时间及施工顺序如表 4-1 所示。

表 4-1 某工程工序逻辑关系及作业持续时间表

工作名称	挖1	挖2	挖3	垫1	垫2	垫3	基1	基2	基3
工作代号	A_1	A_2	A_3	B_1	B_2	B_3	C_1	C_2	C_3
持续时间（天）	4	5	3	2	2	3	4	2	6
紧前工作	—	A_1	A_2	A_1	A_2,B_1	A_3,B_2	B_1	B_2,C_1	C_2,B_3

【问题】

1. 根据项目的施工顺序，绘制双代号网络计划图。
2. 计算各工序的时间参数。
3. 判断本工程网络计划的关键线路。

【案例解析】

- 问题1

双代号网络计划如图4-1所示。

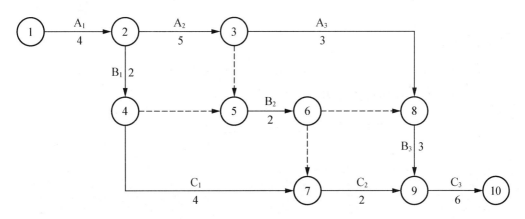

图 4-1 双代号网络计划图

- 问题2

各工序的时间参数如图4-2所示。

- 问题3

关键线路为①—②—③—⑧—⑨—⑩。因为工序 A_1、A_2、A_3、B_3、C_3 的总时差均为0，是本工程的关键工作，将关键工作依次相连所形成的通路就是关键线路。

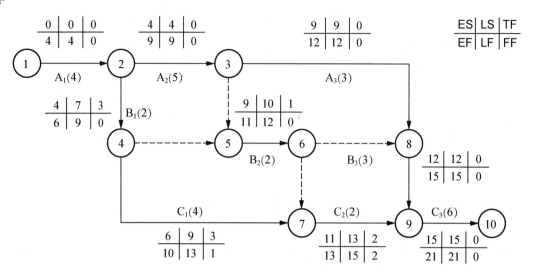

图 4-2 双代号网络计划各工序的时间参数

案例 4-3 网络计划参数计算

【案例正文】

有一房屋建筑工程，进行项目分解，可分解成 A、B、C、D、E、F、G、H、I 九项工作，其工作明细表如表 4-2 所示。

表 4-2 某工程工序逻辑关系及作业持续时间表

工作	A	B	C	D	E	F	G	H	I
紧前工作	—	A	A	B	B、C	C	D、E	E、F	H、G
持续时间	3	3	3	8	5	4	4	2	2

【问题】

根据表中逻辑关系，绘制双代号网络计划图，并计算各工作的时间参数。

【案例解析】

双代号网络计划图如图 4-3 所示。

双代号网络计划各工序的时间参数计算如图 4-4 所示。

第4章 项目进度管理篇

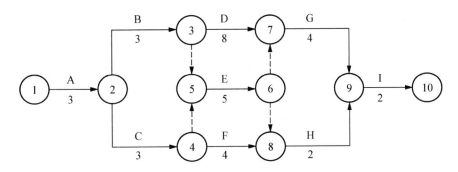

图 4-3 双代号网络计划图

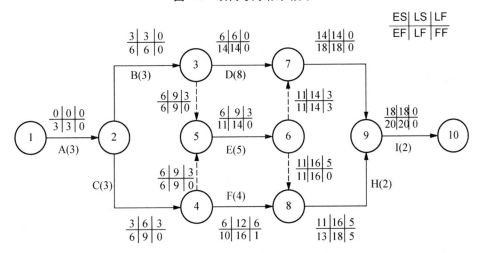

图 4-4 双代号网络计划各工序的时间参数

故事来源：《现代交际》2005 年第 11 期

作　　者：迈克·彼得

有个小和尚，每天早上负责清扫寺庙院子里的落叶。

在冷飕飕的清晨起床扫落叶实在是一件苦差事，尤其在秋冬之际，每一次起风时，树叶总随风飞舞落一地。

每天早上都需要花费许多时间才能清扫完树叶，这让小和尚头痛不已。他一直想要找个好办法让自己轻松些。

后来有个和尚跟他说："你在明天打扫之前先用力摇树，把落叶统统摇下来，后天就可以不用辛苦扫落叶了。"

小和尚觉得这真是个好办法,于是隔天他起了个大早,使劲地猛摇树,这样他就可以把今天跟明天的落叶一次扫干净了。一整天小和尚都非常开心。

第二天,小和尚到院子一看,不禁傻眼了。院子里如往日一样仍是落叶满地。

老和尚走了过来,意味深长地对小和尚说:"傻孩子,无论你今天怎么用力,明天的树叶还是会飘下来啊!"

小和尚终于明白了,世上有很多事是无法提前的……

他山之石

三峡工程的进度管理

案例来源: 中国长江三峡工程开发总公司工程信息部

三峡工程是一个具有防洪、发电、航运等综合效益的巨型水利枢纽工程。枢纽主要由大坝、水电站厂房、通航建筑物三部分组成。其中,大坝最大坝高181米;电站厂房共装机26台,总装机容量18 200MW;通航建筑物由双线连续五级船闸、垂直升船机、临时船闸及上、下游引航道组成。三峡工程规模宏伟,工程量巨大,其主体工程土石方开挖约1亿立方米,土石方填筑4 000多万立方米,混凝土浇筑2 800多万立方米,钢筋46万吨,金属结构安装约26万吨,建设总工期定为17年。

1. 管理特点

三峡工程进度计划分三个大层次进行管理,即业主层、监理层和施工承包商层。业主对三峡工程进度的控制首先是通过招标文件中的开工、完工时间及阶段目标来实现的;监理则是在上述基础上对工期、阶段目标进一步分解和细化后,编制出三峡工程分标段和分项工程进度计划,以此作为对施工承包商上报的三峡工程分标段工程进度计划的审批依据,确保工程施工按进度计划执行;施工承包商三峡工程分标段工程总进度计划,是在确定了施工方案和施工组织设计后,对招标文件要求的工期、阶段目标进一步分解和细化编制而成。它提交给监理用来响应和保证业主的进度要求。施工承包商三峡工程分标段工程年度、季度、月度和周进度计划,是为了告诉监理和业主,如何具体组织和安排生产,并实现进度计划目标。这样一个程序可以保证三峡工程总进度计划从一开始就可以得到正确的贯彻。

上述过程仅仅是进度控制的开始,还不是进度控制的全部,作为完整的进度控制还需要将进度实际执行情况反馈,然后对原有进度计划进行调整,作出下一步计划,这样周而复始,才可能对进度做到及时、有效地控制。

2. 管理措施

(1) 统一工程进度计划编制办法

业主根据合同要求制定统一的工程进度计划编制办法,在办法里对工程进度计划编制的原则、内容、编写格式、表达方式、进度计划提交、更新的时间及工程进度计划编制使用的软件等作出统一规定,通过监理转发给各施工承包商,照此执行。

(2) 确定工程进度计划编制原则

三峡工程进度计划编制必须遵守以下原则:①分标段工程进度计划编制必须以工程承包合同、监理发布的有关工程进度计划指令以及国家有关政策、法令和规程规范为依据;②分标段工程进度计划的编制必须建立在合理的施工组织设计的基础上,并做到组织、措施及资源落实到位;③分标段工程进度计划应在确保工程施工质量、合理使用资源的前提下,保证工程项目在合同规定工期内完成;④工程各项目施工程序要统筹兼顾、衔接合理、干扰少;⑤施工要保持连续、均衡;⑥采用的有关指标既要先进又要留有余地;⑦分项工程进度计划和分标段进度计划的编制必须服从三峡工程实施阶段的总进度计划要求。

(3) 统一工程进度计划内容要求

三峡工程进度计划内容主要有两部分,即上一工程进度计划完成情况报告和下一工程进度计划说明,具体如下:

对上一工程进度计划执行情况进行总结,主要包括以下内容:主体工程完成情况;施工措施落实情况;施工道路、施工栈桥完成情况;混凝土生产系统建设或运行情况;施工工厂的建设或生产情况;工程质量、工程安全和投资计划等完成情况;边界条件满足情况。

对下一进度计划需要说明的主要内容有：为完成工程项目所采取的施工方案和施工措施；按要求完成工程项目的进度和工程量；主要物资材料计划耗用量；施工现场各类人员和下一时段劳动力安排计划；物资、设备的订货、交货和使用安排；工程价款结算情况以及下一时段预计完成的工程投资额；其他需要说明的事项；进度计划网络。

（4）统一进度计划提交、更新的时间

三峡工程进度计划提交时间规定如下：三峡工程分标段总进度计划要求施工承包商在接到中标通知书的35天内提交，年度进度计划在前一年的12月5日前提交。

三峡工程进度计划更新仅对三峡工程实施阶段的总进度计划和三峡工程分项工程及三峡工程分标段工程总进度计划和年度进度计划进行，并有具体的时间要求。

（5）统一软件、统一格式

为便于进度计划网络编制主体间的传递、汇总、协调及修改，首先对工程进度计划网络编制使用的软件进行了统一。即三峡工程进度计划网络编制统一使用：Primavera Project Planner for Windows（以下简称P3）软件。同时业主对P3软件中的工作结构分解、作业分类码、作业代码及资源代码作出统一规定。通过工作结构分解的统一规定对不同进度计划编制内容的粗细作出具体要求，即三峡工程总进度计划中的作业项目划分到分部分项目工程。三峡工程分标段进度计划中的作业项目划分到单元工程，甚至到工序。通过作业分类码、作业代码及资源代码的统一规定，实现进度计划的汇总、协调和平衡。

3. 进度控制手段

三峡工程用于工程进度控制的具体手段是：

(1) 建立严格的进度计划会商和审批制度；

(2) 对进度计划执行进行考核，并实行奖惩；

(3) 定期更新进度计划，及时调整偏差；

(4) 通过进度计划滚动（三峡工程分标段工程年度、季度、月度及周进度计划编制）编制过程的远粗、近细，实现对工程进度计划动态控制；

(5) 对三峡工程总进度计划中的关键项目进行重点跟踪控制，达到确保工程建设工期的目的；

(6) 业主根据整个三峡工程实际进度，统一安排而提出的指导性或目标性的年度、季度总进度计划，用于协调整个三峡工程进度。

4. 工程监理中施工进度评价

工程监理过程中，监理机构在加强对关键路线与工程形象保证、重要施工项目逻辑关系及时差保证、工期计划调整的合理性评价和控制的同时，采取的针对施工项目和施工时段所进行的，逐周、逐月对施工进度控制成效的评价技术指标主要包括：

(1) 施工过程中的高峰年、季、月、周施工强度不均衡系数；

(2) 施工设备的完好率、配置率、台时生产率和台时利用率；

(3) 施工资源投入的保证率或到位率；

(4) 施工进度计划和施工仓位计划的符合率；

(5) 施工工序循环周期或循环时间的符合率；

(6) 施工形象符合率；

(7) 施工工程量指标完成率。

案例 4-4　进度调整与赶工决定

案例来源：2004 年全国监理工程师执业资格考试《建设工程监理案例分析》试题

【案例正文】

某市政工程，项目的合同工期为 38 周。经总监理工程师批准的施工总进度计划如图 4-5 所示，各工程可以缩短的时间及其增加的赶工费如表 4-3 所示，其中 H、L 分别为道路的路基、路面工程。

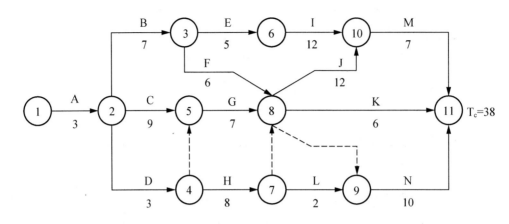

图 4-5 施工总进度计划（时间单位：周）

表 4-3 各工程可以缩短的时间及其增加的赶工费

分部工程名称	A	B	C	D	E	F	G	H	I	J	K	L	M	N
可缩短的时间（周）	0	1	1	1	2	1	1	0	2	1	1	0	1	3
增加的赶工费（万元/周）	—	0.7	1.2	1.1	1.8	0.5	0.4	—	3.0	2.0	1.0	—	0.8	1.5

【问题】

1. 开工 1 周后，建设单位要求将总工期缩短 2 周，请问如何调整计划才能既实现建设单位的要求，又能使支付施工单位的赶工费用最少？

2. 建设单位依据调整后的方案与施工单位协商，并按此方案签订了补充协议，施工单位修改了施工总进度计划。在 H、L 工程施工前，建设单位通过设计单位将此 400m 的道路延长至 600m。请问该道路延长后 H、L 工程的持续时间为多少周（设工程量按单位时间均值增加）？对修改后的施工总进度计划的工期是否有影响？为什么？

3. H 工程施工的第 1 周，监理人员检查发现路基工程分层填土厚度超过规范规定，为保证工程质量，总监理工程师签发了工程暂停令，停止了该部位工程施工。总监理工程师的做法是否正确？总监理工程师在什么情况下可签发工程暂停令？

4. 施工中由于建设单位提供的施工条件发生变化，导致 I、J、K、N 四项工程分别拖延 1 周，为确保工程按期完成，须支出赶工费。如果该项目投入使用后，每周净收益为 5.6 万元，从建设单位角度出发，是让施工单位赶工合理还是延期完工合理？为什么？

【案例解析】

● 问题 1

关键工程为 A、C、G、J、M，应选择关键工程作为压缩对象；又因为压缩 G、M 工程增加的赶工费用分别为最低、次低，并且均可压缩 1 周，压缩之后仍为关键工程，因此应分别将分部工程 G、M 各压缩 1 周。

● 问题 2

H 工程从 8 周延长到 12 周，L 工程从 2 周延长到 3 周，对修改后的施工总进度计划的工期不会产生影响。

● 问题 3

总监理工程师的做法是正确的，为了保证工程质量，总监理工程师可以进行停工处理。总监理工程师在下列情况下可以签发工程暂停令：

（1）建设单位要求暂停施工且工程需要暂停施工；

（2）为了保证工程质量而需要进行停工处理；

（3）施工出现了安全隐患，总监理工程师认为必要停工以消除隐患；

（4）发生了必须暂时停止施工的紧急事件；

（5）承包单位未经许可擅自施工或拒绝项目监理机构管理。

● 问题 4

因在 I、J、K、N 四项工程中，只有 J 工程为关键工程，其他三项工程都有大于 1 周的总时差，所以 I、K、N 多延长 1 周不会影响计划工期，只有 J 工程延长 1 周，总工期将延长 1 周。若将 J 工程的持续时间缩短 1 周，只需增加赶工费 2 万元，小于项目投入使用后的净收益 5.6 万元。故让施工单位赶工合理。

国际工程工期索赔

案例来源：《国际经济合作》2009年第3期
作　　者：姜敬波、尹贻林（天津大学）

某集团公司经过激烈的竞标，获得了由世界银行贷款的乌干达某排水渠更新改造项目。项目合同总额3 180万美元（未计入增加和后续工程），工期730天，合同采用的是FIDIC合同条款。工程于2003年8月24日正式开工，竣工日期为2005年8月24日。业主为Kampala City Council（KCC），工程师为Arab Civil Engineer（ACE）。在该项目的执行过程中，项目部成功地进行了工期索赔，共索赔工期162天，不但避免了该项目因工期拖延而罚款，而且取得了很好的效益。以下就乌干达某排水渠更新改造项目工期索赔实际情况进行分析。

1. 由于业主方的过错导致工期的延误

（1）业主未能按时提供现场

FIDIC施工合同条件第2.1款进入现场的权利明确规定：如果雇主未能及时给予承包商进入和占有现场的权利，使承包商遭受延误而增加费用，承包商应向工程师发出通知，要求索赔。本工程所涉及的因素如下：

① 没有做好事前的搬迁工作。由于多年河道淤积，在施工区域内，不少当地的居民在此种植了香蕉、木薯等农作物，在项目队进行现场调查准备开挖时，遭到了当地居民的围攻和阻拦，同时还封锁了项目队修建的临时道路，在僵持了一个星期后，业主才出面协调解决。项目最后成功索赔工期8天。

② 向主渠乱弃残土。当地的一个工厂向项目队开挖过的主渠乱弃残土，至少倾倒了16车次20吨车的弃土，使得项目队进行返工。项目最后成功索赔工期3天。

③ 当地居民随意排污。在进行黑点 14 区（"黑点"是疏通市区内早已堵塞的溢水口、排水管道等市政设施，恢复城市排水的微循环系统）工作时，施工工人发现了大量的当地居民的排污管直接与待施工的主管道相连，这些排污管倾倒了大量的垃圾废物，使得刚刚清理完的管道又重新堵死。项目最后成功索赔工期 4 天。

④ 遭到黑点 14 区的当地居民干扰（类似于第①种情况）。在开始黑点 14 区的工程时，同样遭到了当地居民的阻拦，他们要求承包商出示当地政府（KCC）的"许可文件"方允许项目队进入场地，当地政府的缓慢的效率使得承包商很长时间没能拿到这份文件。项目最后成功索赔工期 7 天。

（2）延误的图纸或指令

FIDIC 施工合同条件第 1.9 款延误的图纸或指令明确规定：如果承包商发出了符合规定的通知，而工程师仍没有签发需要的图纸和指令，他应向工程师再发出通知，同时可以按相应的程序向工程师提出索赔工期和费用，并加上合理的利润。在本项目中，由于设计出现问题而耽误工期的现象比比皆是。项目组对此类问题提出了 4 条索赔事件：

① 关于钟塔地区的施工图纸一些缺少的细节长期没有得到工程师的进一步指示。项目最后成功索赔工期 3 天。

② Owino Market 地区的施工细节长时间没有得到工程师的答复。项目最后成功索赔工期 6 天。

③ Low Cost 地区缺少必要的施工数据。项目最后成功索赔工期 7 天。

④ Kisake Market 地区出现了大量的图纸不全及有出入的地方，且申报工程师后长期悬而未决。项目最后成功索赔工期 7 天。

（3）工程变更与调整

FIDIC 施工合同条件第 13.1 款有权变更明确规定：在签发接收证书之前，工程师有权签发工程变更指令，或要求承包商提交变更建议书。本案例中项目的原设计根本就无法满足 Kampala 市排水的需要，所以在施工过程中对设计作了大量的变更和调整，具体索赔的时间如下：

① Owino Market 地区的新增工作，最后成功索赔工期 37 天。

② 黑点12区、14区、17区新增的工作，最后成功索赔工期25天。

③ 在进行Maersk地区的施工时，工程师对所在地区的地质条件心中没底，要求进行钻孔试验之后再作决定，此决定影响了项目部的原有施工计划。项目最后成功索赔工期11天。

2. 由于外部情况导致的工期延误

（1）异常不利的气候条件

一般来讲，是不是异常不利的气候条件可以从以下两方面来判断：一是看施工期间气候条件是否与过去几年不同，是否属于异常的气候条件；二是这种异常的气候条件是否确实影响了实际工程。可见对于不同的项目来说，"不利"的标准是不同的。比如在本项目中，面临的"不利"问题是降雨，常常是上游一场小雨下游就洪水泛滥，使得承包商的施工根本无法进行下去，已经完成的工作也被冲得踪迹皆无，这时的主要问题不是降雨量而是降雨日数。

FIDIC施工合同条件第4.1款承包商的一般义务规定：业主应将自己掌握的现场水文地质以及环境情况的一切数据在基准日期之前提供给承包商，供其参考；第17.3款业主的风险明确规定：业主的风险包括"一个有经验的承包商也无法合理预见并采取措施来防范的自然力的作用"；第17.4款业主风险的后果明确规定：若承包商因此遭受损失，可以按索赔条款提出费用和工期索赔。

对于本工程非正常和不可预见是降雨索赔成功的关键，承包商必须证明：①他不可能在提交投标书前预见该事件，即在承包商编制投标书的过程中无法预见；②承包商没有预见到该事件的发生，不是他主观上缺乏经验造成的；③他没有预见到该事件是合理的。在投标阶段，业主提供了近五年来的降雨资料，并提醒投标者注意当地较为多雨的情况。在项目组比较分析了施工当年的降雨资料后，发现当年降雨日数的确比业主提供的资料中往年的降雨日数多，而在申报资料中特意排除了1997年的数据，因为那一年是"厄尔尼诺现象"年，其水文数据是历史的最高值，不应作为参考数据。承包商采用关键路径法最后成功索赔工期27天。

(2) 不可预见的外界条件

FIDIC 施工合同条件第 4.12 款不可预见的外界条件规定:"外部障碍的条件"指的是承包商现场遇到的外部天然条件、人为条件、污染物等,包括水文条件和地表以下的条件,但不包括气候条件;承包商发现没有预料到的不利外部条件时,应尽快通知工程师。如果遇到了外部条件无法预见,承包商同时发出了通知,发生的情况也导致了承包商支出了额外费用和延误的工期,则承包商有权索赔此类费用和工期。在本项目中,常常在开挖之后,发现图纸上并未标明的公用设施,如地下电缆、给水、排水管等等,承包商及时通知了工程师,但需要业主协调有关的电力、电信、自来水等部门协助解决。经承包商与工程师多次交涉,最终成功索赔 17 天。项目组记录在案可供申请的事件有以下两条:

① Owino Market 地区主供水管与施工区域箱涵交叉,为了移动这根供水管,耽误了 7 天的时间;

② 主渠施工时发现两根排水管,当地污水处理部门无能力移动,寻求第三方承包商进行移动施工,业主又觉得移动费用太高,最后只好水渠移位,耽误了 9 天的时间。

进度管理是国际项目管理的重要内容,"时间就是金钱",对国际工程建设的各方来说再恰当不过了。承包商在进行工期索赔时包括了定性分析和定量分析,这就要求承包商全面掌握和灵活运用索赔的基本原则和处理技巧,并正确认识和把握机会,积极主动地与工程师沟通协商,维护自己的合理权益。

案例 4-5　工期索赔分析及计算

案例来源:2007 年全国监理工程师执业资格考试《建设工程监理案例分析》试题

【案例正文】

某工程,建设单位按照《建设工程施工合同(示范文本)》与甲施工单位签订了施工总承包合同。合同约定:开工日期为 2009 年 3 月 1 日,工期为 302 天;

建设单位负责施工现场外道路开通及设备采购;设备安装工程可以分包。

经总监理工程师批准的施工总进度计划如图4-6所示。

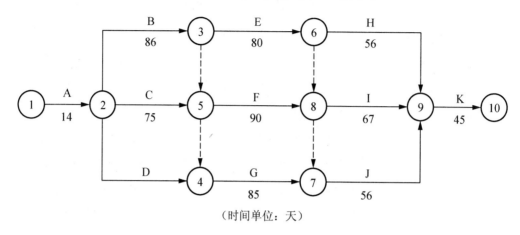

(时间单位:天)

图4-6 施工总进度计划

施工中发生了下列事件:

(1)由于施工现场外道路未按约定时间开通,致使甲施工单位无法按期开工。2009年2月21日,甲施工单位向项目监理机构提出申请,要求开工日期推迟3天,补偿延期开工造成的实际损失3万元。经专业监理工程师审查,情况属实。

(2)C工作是土方开挖工程。土方开挖时遇到了难以预料的暴雨天气,工程出现重大安全事故隐患,可能危及作业人员安全,甲施工单位及时报告了项目监理机构。为处理安全事故隐患,C工作实际持续时间延长了12天。甲施工单位申请顺延工期12天、补偿直接经济损失10万元。

(3)F工作是主体结构工程,甲施工单位计划采用新的施工工艺,并向项目监理机构报送了具体方案,经审批后组织了实施,结果大大降低了施工成本。但F工作实际持续时间延长了5天,甲施工单位申请延长工期5天。

(4)甲施工单位将设备安装工程(J工作)分包给乙施工单位,分包合同工期为56天。乙施工单位完成设备安装后,单机无负荷试车没有通过,经分析是设备本身出现问题。经设备制造单位修理,第二次试车合格。由此发生的设备拆除、修理、重新安装和重新试车的各项费用分别为2万元、5万元、3万元和1万元,J工作实际持续时间延长了24天。乙施工单位向甲施工单位提出索赔后,甲施工单位遂向项目监理机构提出了顺延工期和补偿费用的要求。

【问题】

1. 事件(1)中，对甲施工单位提出的要求应如何处理？说明理由。

2. 事件(2)中，收到甲施工单位报告后，项目监理机构应采取什么措施，应要求甲施工单位采取什么措施？对于甲施工单位顺延工期及补偿经济损失的申请是否合理？说明理由。

3. 事件(3)中，项目监理机构应按什么程序审批甲施工单位报送的方案？是否同意甲施工单位的顺延工期申请？说明理由。

4. 事件(4)中，单机无负荷试车应由谁来组织？项目监理机构对于甲施工单位顺延工期和补偿费用的要求如何答复？说明理由。根据分包合同，乙施工单位实际可获得的顺延工期和补偿费用分别是多少？说明理由。

【案例解析】

- 问题1

同意推迟3天开工，赔偿损失3万元。理由：场外道路没有开通属于建设单位责任，且甲施工单位在合同规定的有效期内提出了申请。

- 问题2

(1) 项目监理机构应采取的措施：下达施工暂停令，并要求甲施工单位撤出危险区域作业人员，制订消除隐患的措施或方案，报项目监理机构批准后实施。

(2) 由于难以预料的暴雨天气属于不可抗力，施工单位的经济损失不予补偿。因C工作延长12天，只影响工期1天，故只批准顺延工期1天。

- 问题3

(1) 审批程序：审查报送方案—组织专题论证—经审定后予以签认。

(2) 不同意延期申请。理由：改进施工工艺属甲施工单位自身原因。

- 问题4

(1) 由甲施工单位组织单机无负荷试车。

(2) 同意补偿设备拆除、重新安装和试车费用合计6万元；由于C工作持续时间延长12天后，J工作持续时间延长24天，只影响工期1天，所以同意顺延工期1天。理由：设备本身出现问题，不属于甲施工单位的责任。

(3) 乙施工单位可顺延工期24天，可获得费用补偿6万元。理由：第一次试车不合格不属于乙施工单位责任。

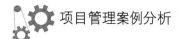

管理箴言

炮制虽繁必不敢省人工，品味虽贵必不敢减物力。

——同仁堂店训

 他山之石

《新闻1+1》赶工期话题

案例来源：中央电视台《新闻1+1》

解说："一年之计在于春，快马加鞭抢工期"，这样的标语道出了工程建设上的一个现实——抢工期和质量保障之间如何平衡。就在最近，河北省组织了一次全省范围的保障房质量大检查，结果发现有11个项目存在各类质量问题。

廊坊市的一个棚户区改造项目，由于施工过程中，水泥模板拆除过早，现在不少房间的水泥墙面都是坑坑洼洼的，一点也不光滑。

河北工程建设质量监督检测管理总站站长：这个要是正常的话，拆模之后混凝土的表面是光滑平整的，但是因为拆模过早，它局部就像类似于这个地方。

施工单位总工程师：就是这个凝固时间太短，很短的时间就把模板拆除、把混凝土粘掉。

解说：在河北省这次检查的66个保障性安居工程建设项目中，共下发行政处罚建议书2份，质量整改通知书31份，除了通报存在的问题之外，还指出一些地方在新建保障房过程中，存在节省投资、赶工期现象。

河北省住房和城乡建设厅副厅长：项目单位就是抢进度，忽视质量，质量保证体系不太健全。

解说：对于河北省住房和城乡建设厅的这种说法，施工单位也承认，但他们认为，压力来自甲方，因为每一个项目施工单位都与当地政府签订了责任状，必须在规定日期内交房。

施工单位总工程师：工期比较快，原本处理起码需要24个小时，你才能撤模，这是规定的。但是这个工期，进度赶得比较快，就把模板早撤掉，提前几个小时。

解说：事实上，因为赶工期、赶进度带来的质量安全问题，不仅出现在河北，在其他一些省份也开始陆续出现。为此，住房和城乡建设部日前专门下发了《关于加强保障性安居工程质量管理的通知》，要求严把建筑原材料和施工质量安全关，以避免类似现象的发生。而这种困境并不限于保障房领域。

解说：进入5月份后，广州接连出现雷阵雨天气，而开通半年的珠江新城APM线，九个站中的五个站存在漏水的情况，市民对于工程质量问题纷纷打起了问号。

市民甲：一下雨就漏，雨水全部往站厅里面来了。

市民乙：那也不应该，下大雨怎么就应该漏呢，那还得了。

市民丙：看到在滴水，被围蔽起来，看到水有泥迹，十分夸张。

解说：据当地媒体报道，一位从2008年就开始参加珠江新城地下空间部门工程施工的工程师向记者爆料，认为出现的漏水问题主要是因为赶工，施工方要承担70%左右的责任，不过施工方否认了这一说法。

施工方人员：施工的时候可能有一些情况并不为市民所知，在运行过程中可能有些情况也不能转达给我们，突然发生意外的话，市民可能就会成为直接的受害者。所以我觉得地铁公司应该做多信息公开和透明。

解说：作为全球最大的建筑市场，世界工地的一半在中国，一定程度上表明中国经济的活力，但在这个热潮之中，人们面对着我国平均建筑寿命只有30年的窘境，也面对着建筑质量问题频发的现实。快和好之间的缝隙难道就真的无法填充吗？

主持人：赶工期这个"赶"字很有意思，就这么急往前"赶"，为什么会这么急？

评论员：我们所有的人现在似乎已经形成了一种定式，我们讨论赶工期，不像过去什么献礼工程等等，现在是上上下下都开始反感，但是我想说的是，我们只看到了问题的一面，在市场经济这样一种竞争环境下，其实抢时间和保证质量它们俩必须达到一个平衡点，如在保证质量的前提下，适当地赶工期也是合适的。但是我们反对什么样的赶工期呢？反对欺上瞒下的、偷工减料的、降低标准的、牺牲质量的赶工期，也就是说赶工期变成第一位了。比如说草不够绿就刷绿漆；马上要通车了，用普通地砖先给临时对付上，等通完车之后再换成好地砖。还有就是降低标准等等，难怪有人说，防火防盗要防下级骗你。因为上级领导恐怕对这样的献礼工程，真知道了也不会很满意。所以有一个标题很好，"这不是献礼，这是献丑"。

主持人：刚才你说到，在目前这种情况下，赶工期有的时候是必须的。因为任何事情它都有一个内在的逻辑，比如说工期，衣服做坏了可以重做一件，像建筑这样的一个最少是几十年的事情，为什么不可以心平气和地让它自然完成，非要一个"赶"字呢？

评论员：这个"赶"字，如果说是只为了赶而赶，并且牺牲质量，我再次强调，这一定是错的，但是在市场经济环境下，由于成本各方面的因素决定了，必须找到最合适的施工时间，如果真是说一推六二五，最后成为一个烂尾工程，恐怕老百姓也不满意。谁说中国人干不了好工程，多了，在海外都能干出好工程。我举一个例子，你看旧金山—奥克兰海湾大桥赫赫有名，1989年的时候由于地震导致它的东部受损，2013年要修建通车。整个桥东部在全世界的竞标中，中国的企业拿到了，中国企业负责它所有的钢架结构，到那儿之后美国一组装，这桥就重新建成了。要用100多年，抗地震等级要绝对保证在8级以上，中国人提前了几个月完成，得到了美国方面3 000多万美元的奖励。说明美国人喜欢提前完成，但是请注意前提条件，美国用了超过本国最高标准的更高标准，极其苛刻地对每一个焊点都进行了严格的检测，结果一点问题没有，美国人服了，认为不是中国制造，而是中国骄傲。请问，这样的赶工期你喜不喜欢，你骄不骄傲？对了，我们要追求的是，在确保质量的前提情况下的适当地赶和效率的结合，而不是一味地只要赶工期就是错的，都给你拖成烂尾你也受不了。

主持人：刚才看了你说的例子，就有点让人奇怪了，都是中国人，都是中国的建筑企业，怎么在不同的地方表现会这么不同呢？

第4章 项目进度管理篇

评论员：第一，人家的标准高。第二，咱挺好面子的。出去的时候这活得玩命干漂亮。第三，较着劲，我们是能够把活干好的。这个话题也要说回国内来，国内我们有很多的工程也没问题，也一样能把它干好，比如说地震灾区有很多的工程，最后都觉得比标准还要高等等。当我们认下真来，把质量放在第一位的时候没问题。所以我说，我们要追求那些质量第一的赶工期，如果不能保证质量，我们反对赶工期，这句话没错吧。

问题：

请谈谈你如何认识赶工期的问题。

第 5 章

项目费用管理篇

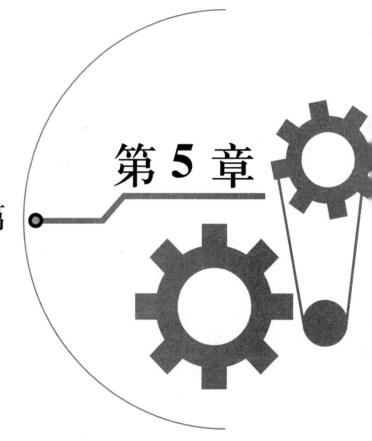

案例 5-1 EPC 项目费用优化与控制

【案例正文】

铜陵发电厂六期工程（简称"铜陵项目"）由安徽省皖能股份有限公司控股投资，采用 EPC（设计—采购—施工）交钥匙模式，由中国电力建设工程咨询公司和西北电力设计院总承包联合体中标承担工程建设。该项目建设规模为 2×1 000 兆瓦发电机组，选用国产 1 000 兆瓦超临界参数机组，同步建设石灰石—石膏湿法脱硫和 SCR 工艺脱硝装置，代表国内火力发电设备的一流水平。项目实现了"即投产、即稳定、即赢利"的目标，获优秀工程总承包金钥匙奖，在费用管理方面积累了如下宝贵经验：

1. 节能降耗、科技环保创效益

铜陵项目以节能降耗、科技环保为主题，充分借鉴并改进国内外先进设计技术和设计成果，对灰场变更、脱硫系统引风机和增压风机合并设置等 30 个大的建设项目进行优化。机组采用的汽轮机性能先进，进汽压力比当前国内大部分百万千瓦机组的汽轮机压力高出 0.75—2 兆帕，提升了机组的热经济性能，降低了煤耗；经过充分论证和试验，机组在国内百万千瓦机组塔式锅炉中，首次设计利用天然地基，不用打桩基，仅此一项不仅大大缩短了工期，而且节约投资 6 000 万元；机组脱硫系统采用增压风机与引风机合并设置，在简化了系统、降低基建投资近千万元的同时，更重要的是降低了运行能耗，使厂用电下降 0.25%，年效益可达 600 万元；机组四大管道均采用弯管设计，降低了管道压损，有效降低了机组热耗；在国内大机组中首次采用三相一体主变压器，降低了工程初始投资，减少了变压器的运行损耗，年可节约电能 100 万千瓦时。此工程主要优化设计节约投资 2 亿多元，以厂用电率为例，经过优化，比合同中规定的下降了 1% 左右，可降低供电煤耗 4 克/千瓦时，效益显著。

2. 设计与采购、施工优化组合控费用

铜陵项目采用先进的三维数字化设计，贯彻"全生命周期一体化集成解决方案"设计思路，创新采用"项目定制（PSMS）—系统设计（PEMS）—布置设计（PDMS）—详图设计（DDMS）"的手段，总承包商充分发挥设计为龙头的优势，积极开展设计管理理念创新和流程优化调整，全过程策划并开展精细化设计：

根据总承包商确定的现场施工一、二级网络计划，提前策划和编制施工图交付进度计划表，并据此编制设备采购、设备资料交付和设备供应计划，做到统筹安排，避免了提前采购造成提前支付设备预付款和设备现场仓储及二次倒运等费用，也避免了延迟招标造成设备资料不到位影响设计进度等问题的发生。

项目采用 PEMS 程序进行工艺管道和仪表流程图设计，既满足各阶段成品深度要求，还满足生成阀门、仪表和管道规格等采购清单的要求，使项目部和施工单位能够提前进行市场调研和询价。采用 PDMS 进行布置设计，可满足项目部和施工单位提前采购和储备部分管道工程量的要求。本着引导和影响施工安装的目的，在材料选用方面做好相关的准备工作，提前提出由施工单位负责采购的钢结构、钢筋及各种材料清单，指导施工单位开展材料市场调研及提前备料，做到统筹协调和整体费用可控。

3. 设备物资采购管理精细化保节约

铜陵项目从执行初期，就将设备材料采购规范化、精细化操作提到首位。一方面，通过对设备生产制造周期的分析，在确保设备正常交付的情况下，提前对项目设备材料采购进行策划，对不同设备采取分批分阶段采购，尽量降低设备资金的提早支付，提高资金的投入效率。如除主机、脱硫、脱硝设备外，分 8 批辅机进行招标采购，既避免了大量设备预付款、投料款等的过早投入，又满足了设计资料配合和现场施工需求。另一方面，协调设计部门，通过对采购设备材料的技术规范进行评审，确保设计提出的设备及其配套部件、元件标准符合总承包合同要求，既满足设计资料需求及设计优化，又不超出预算费用。

铜陵项目对现场物资管理系统提前进行策划，将总承包商、建设单位及各参建单位纳入统一的工程建设项目管理平台，实行电子化管理。各相关方人员均能通过统一的平台及时了解设备物资采购、到货和库存信息以及款项支付信息；施工安装单位通过信息平台办理设备物资的领用程序，保证领用的针对性、准确性和及时性，提高了物资管理的效率。大宗消耗性材料通常是现场物资管理的薄弱环节，施工期间常因各种原因增补、多订，工程结束时多有剩余造成浪费。总承包商充分发挥 EPC 以设计为龙头的优势，在三维模式精细化准确设计的前提下进行零库存管理，按需分批、分系统、分标段进行采购，阀门可以精确到"只"，电缆、管道及桥架可以精确到"米"，避免了材料的多订和漏订，既满足工程需要，又杜绝了浪费。

4. 主合同激励条款促优化

由于传统模式建设项目设计单位的设计优化成果与建设单位常常难以形成

共享机制，使设计单位缺乏主观控制工程造价的动力，往往"重设计、轻造价"。铜陵项目采用 EPC 模式，其明确的造价风险承担方式促使总承包商严格控制工程造价，并高度重视项目设计优化和工程量控制。尤其是建设单位与总承包商在主合同条款中约定："（1）总承包商在不降低工程标准、机组性能，不增加运营期建设单位运行成本的前提下，做出设计优化节约的基建工程费用由 EPC 总承包商享有；（2）本着降低运营期运行成本的目的，在满足规程规范的前提下，适当调整工程建造标准，节约的基建工程费用由总承包商与建设单位按各 50% 的比例共同享有"。由于有效的激励措施，总承包商兼设计单位有了强劲的动力大量投入进行设计优化和成本优化，实现了建设单位和总承包商的双赢。

5. 限额设计降成本

铜陵项目在工程量控制方面实行限额设计，将分包工程量清单按专业下发各主设人，要求严格控制施工图工程量，各施工图工程量在未超过工程量清单量时蓝图才能送印，否则必须按内部相关审批规定执行，实行过程控制。总承包商聘请经验丰富的施工专家早期参与项目的实施，充分利用其施工经验，为早期决策提供信息。针对由施工单位负责采购的材料，总承包商配合了解市场情况，并根据需求调整和修改施工图，提供准确的设计，减少施工单位二次设计工作，也降低了施工成本。对项目管理部门的开支实施预算管理，分别对办公、招待、交通和人工费用等在日常管理中建立台账，记录具体开支明细，确保费用发生的真实和准确，严格控制、节约开支。

【问题】

结合上述案例，请分析总承包商在 EPC 项目中有哪些降低成本、增加利润的潜力及可采取的措施。

【案例解析】

1. 投标报价潜力。EPC 项目多采用固定价格，合同价格风险主要由总承包商承担，合理的投标报价是总承包商获得预期利润的保证；EPC 总承包商应注重研究合同条款，力求公平、合理分担风险；通过专业计算与分析，将风险量化并在报价中反映；总承包商造价人员从项目招投标阶段就应介入，与项目经理、主管合同部门及分包单位充分沟通，在投标文件、报价、合同谈判、资金安排、税务、内部管理办法的制定等工作中发挥专业作用。

2. 设计成本控制潜力。建设项目投资的 80%—90% 是由设计决定的，设计阶段是整个项目费用控制的重点阶段。可依托设计单位、总承包单位及施工单位经验,发挥整体优势;充分借鉴并改进国内外先进的设计技术和设计成果;与业主和施工分包商一起针对项目的工艺系统、设备选择原则及主要技术参数、指标进行详细研讨、逐项论证;全过程关注项目的设计优化和工程量控制,实行限额设计。

3. 采购成本控制潜力。总承包商应制定有关设备材料采购的管理制度,包括分包商的选择、设备材料招评标及采购和合同签署,建立制度规范采购工作,通过招标充分公平竞争,获取采购效益;提前对项目设备材料采购进行策划,采取分批分阶段采购,减少资金的提早支付,避免预付款过早投入,提高资金使用效率;采购和财务人员及时沟通,计划财务部门要根据项目资金使用计划对采购安排提出合理建议。

4. 施工成本控制潜力。应鼓励施工单位对设计优化提出合理化建议并予以适当的奖励;请经验丰富的施工专家尽早参与项目实施,充分利用其经验优化施工方案;针对由施工单位负责采购的材料,总承包商配合了解市场情况,根据需求调整和修改施工图,提供准确的设计,降低成本;做好分包招标和合同策划;加强成本开支的预算管理,确保资金收支安排合理和项目成本核算准确。

5. 资金和税务管理潜力。总承包商对于项目预收款应及时收取,以缓解项目前期的资金需求,减少自有资金或借入资金的数量。对于银行的信贷资金应尽可能争取降低利率、费率和保证金率等诸多优惠,节省财务费用。重视合同中有关税务问题的条款,征询税务专业人员,筹划税务方案。

6. 管理费用控制潜力。对项目管理部门的开支实施预算管理和严格的过程控制,建立相关台账,记录具体开支明细,勤俭办公,节省日常开支。

管理小知识

项目成本估算的五种典型方法

(1) 自上而下估算法

从项目的整体出发,进行类推,即估算人员根据以往完成类似项目所消耗的总成本或工作量,来推算将要开发的信息系统的总成本或工作量。然后,按比例将它分配到各个开发任务单元中,是一种自上而下的估算形式,通常在项目的初期或信息不足时采用。

(2) 自下而上估算法

利用工作分解结构图,对各个具体工作包进行详细的成本估算,然后将结果累加起来得出项目总成本。用这种方法估算的准确度较好,通常是在项目开始以后,或者 WBS 已经确定的开发阶段等,需要进行准确估算的时候采用。

(3) 参数估算法

是一种使用项目特性参数建立数据模型来估算成本的方法,是一种统计技术,如回归分析和学习曲线。通常有两类模型用于估算成本,即成本模型和约束模型。

成本模型是提供工作量或规模的直接估计,常常有一个主要的成本因素,例如规模,还有很多的次要调节因素或成本驱动因素。约束模型显示出两个或多个工作量参数,以及持续时间参数或人员参数之间时间变化的关系。

(4) 专家估算法

由多位专家进行成本估算,一个专家可能会有偏见,最好由多位专家进行估算,取得多个估算值,最后得出综合的估算值。

(5) 猜测法

是一种经验估算法,进行估算的人有专门的知识和丰富的经验,据此提出一个近似的数据,是一种原始的方法,只适用于要求很快拿出项目大概数字的情况,不适合要求详细估算的项目。

他山之石

三峡项目投资及控制

案例来源:《建筑经济》2006 年第 1 期

作　　者:陆佑楣(中国长江三峡工程开发总公司)

国家批准的三峡工程投资概算为 900.9 亿元(按 1993 年 5 月末的价格水平),其中三峡枢纽工程投资 500.9 亿元,三峡水库移民费用 400 亿元。

1. 三峡工程的资金来源构成

(1) 三峡建设基金

国家从全国销售电量每度电征收 4—7 厘钱建立三峡建设基金,作为国家对三峡工程建设投入的资本金,约占工程总投资的 40%。

(2) 发电收益的投入

三峡总公司的自身发电收益,包括已经建成的葛洲坝电站以及三峡电站自 2003—2009 年建设期的发电收益,投入三峡建设,约占三峡总投资的 20%。

(3) 银行贷款

包括国家开发银行的长期贷款和国家商业银行的短期贷款,这部分每年需支付利息,约占三峡总投资的 20%。

(4) 利用国外出口信贷

约占总投资的 6%—8%。

(5) 企业债券

三峡公司发行三峡企业债券,约占总投资的 10%—12%。

2. 三峡工程的投资控制措施

(1) 实行"静态控制、动态管理"

以国家批准的 900.9 亿元为静态投资概算。17 年工期中每年按当年的物价指数与 1993 年的价格相比进行价差调整。建设资金中有近 40% 的资金来自银行贷款、发行企业债券等每年应支付利息。

每年预测未来的资金需求,实行动态管理。用静态概算控制工程的投资,优化工程管理,降低成本和移民的各种费用;用动态的价差支付和多种融资措施降低融资成本。

(2) 实行价差管理

三峡工程价差管理流程如图 5-1 所示。

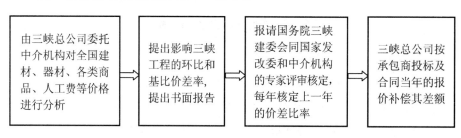

图 5-1 三峡工程价差管理流程

(3) 实行分项目设"笼子"控制概算

在国家批准的初步设计概算的总量控制基础上,通过技术设计的调整,编制业主执行概算。根据分项招标合同价,编制分项合同的实施控制价,只有在发生重大设计变更才动用概算中的基本预备费。

管理小知识

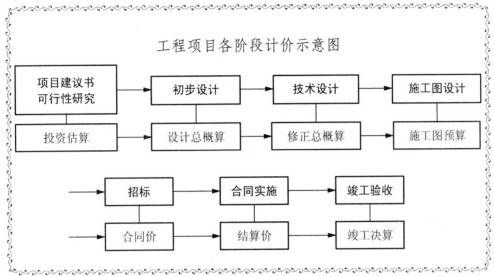

管理箴言

文件的反复修改无论如何比施工的反复修改要便宜许多。

——项目管理谚语

案例 5-2　成本因素分析法应用

【案例正文】

因素分析法（连环置换法）是用来分析各种因素对成本的影响程度的一种常用方法。该方法首先假定众多因素中的一个因素发生变化，其他因素保持不变，然后逐个替换，分别比较其计算结果，以确定各个因素的变化对成本的影响程度。

某工程浇筑一层结构商品混凝土，计划成本为 364 000 元，实际成本为 383 760 元，比目标成本增加 19 760 元，计划成本与实际成本各项数据如表 5-3 所示。

表 5-3 混凝土目标成本与实际成本对比表

项目	单位	目标成本	实际成本	差额
产量	m³	500	520	+20
单价	元	700	720	+20
损耗率	%	4	2.5	-1.5
成本	元	364 000	383 760	+19 760

【问题】

试用"因素分析法"分析其成本增加的原因。

【案例解析】

分析步骤与结果如表 5-4 所示。

表 5-4 混凝土成本变动因素分析表

顺序	连环替代计算	差异	因素分析
目标数	a = 500 × 700 × 1.04 = 364 000		
第一次替代	b = 520 × 700 × 1.04 = 378 560	b - a = 14 560	由于产量增加 20m³，成本增加 14 560 元
第二次替代	c = 520 × 720 × 1.04 = 389 376	c - b = 10 816	由于单价提高 20 元，成本增加 10 816 元
第三次替代	d = 520 × 720 × 1.025 = 383 760	d - c = -5 616	由于损耗率下降 1.5%，成本减少 5 616 元
合 计	e = 14 560 + 10 816 - 5 616 = 19 760	19 760	

想想看

成本构成比率法应用

构成比率法，又称比重分析法、结构对比分析法。该方法通过构成比率，考察成本总量的构成情况及各成本项目占成本总量的比重，同时也可看出量、本、利的比例关系（即预算成本、实际成本和降低成本的比例关系），从而为寻求降低成本的途径指明方向。

某项目预算成本、实际成本及降低成本构成及比率如表5-5所示。

表5-5 成本构成比率表

成本项目	预算成本 金额（万元）	预算成本 比率（%）	实际成本 金额（万元）	实际成本 比率（%）	降低成本 金额（万元）	降低成本 占本项（%）	降低成本 占总量（%）
一、直接成本	1 263.79	93.2	1 200.31	92.4	63.48	5.0	4.7
1. 人工费	113.63	8.4	119.28	9.2	-5.92	-1.1	-0.4
2. 材料费	1 006.56	74.2	939.67	72.3	66.89	6.7	4.9
3. 机械使用费	87.60	6.5	89.65	6.9	-2.05	-2.3	-0.2
4. 其他直接费	56.27	4.2	51.71	4.0	4.56	8.1	0.3
二、间接成本	92.21	6.8	99.01	7.6	-6.8	-7.4	0.5
成本总量	1 356.00	100.0	1 299.32	100.0	56.68	4.2	4.2
量本利比例（%）	100	—	95.82	—	4.18	—	—

问题：

1. 根据该项目成本构成及比率情况，如何评价该项目各项费用成本控制的效果？

2. 该项目应如何有效开展成本控制工作？如何合理确定降低成本的途径和方向？

案例 5-3 方案盈亏平衡分析

案例来源： 2010年全国造价工程师考试案例分析试题

【案例正文】

某工程有两个备选施工方案，采用方案一时，固定成本为160万元，与工期有关的费用为35万元/月；采用方案二时，固定成本为200万元，与工期有关的费用为25万元/月。两方案中除方案一机械台班消耗以后的直接工程费相关数据见表5-6。

表 5-6　两个施工方案直接工程费的相关数据

类　　别	方案一	方案二
材料费（元/m³）	700	700
人工消耗（工日/m³）	1.8	1
机械台班消耗（台班/m³）		0.375
工日单价（元/工日）	100	100
台班费（元/台班）	800	800

为了确定方案一的机械台班消耗，采用预算定额机械台班消耗量确定方法进行实测确定。测定的相关资料如下：

完成该工程所需机械的一次循环的正常延续时间为 12 分钟，一次循环生产的产量为 0.3m³，每台班 8 小时，该机械的正常利用系数为 0.8，机械幅度差系数为 25%。

【问题】

1. 计算按照方案一完成每 m³ 工程量所需的机械台班消耗指标。
2. 方案一和方案二每 1 000m³ 工程量的直接工程费分别为多少万元？
3. 当工期为 12 个月时，试分析两方案适用的工程量范围。
4. 若本工程的工程量为 9 000m³，合同工期为 10 个月，计算确定应采用哪个方案？若方案二可缩短工期 10%，应采用哪个方案？

【案例解析】

- 问题 1

  机械纯工作 1 小时的生产率 = 60/12 × 0.3 = 1.5（m³/h）

  机械产量定额 = 1.5 × 8 × 0.8 = 9.6（m³/台班）

  机械定额时间 = 1/9.6 = 0.10（台班）

  每 m³ 工程量机械台班消耗 = 0.10 ×（1 + 25%）= 0.13（台班/m³）

- 问题 2

方案一：

直接工程费 = 700 + 1.8 × 100 + 0.13 × 800 = 984（元/m³）

每 1 000m³ 工程量直接工程费 = 984 × 1 000 = 984 000（元）= 98.4（万元）

方案二：

直接工程费 = 700 + 1.0 × 100 + 0.375 × 800 = 1 100（元/m³）

每 1 000 m³ 工程量直接工程费 = 1 100 × 1 000 = 1 100 000（元）= 110（万元）

- 问题 3

设工程量为 Q（m³），则：

方案一：$C_1 = 160 + 35 \times 12 + 0.0984Q = 580 + 0.0984Q$

方案二：$C_2 = 200 + 25 \times 12 + 0.11Q = 500 + 0.11Q$

令：$580 + 0.0984Q = 500 + 0.11Q$

求得盈亏平衡点：$Q_0 = 6\ 896.55\ m^3$

盈亏平衡分析图如图 5-2 所示。

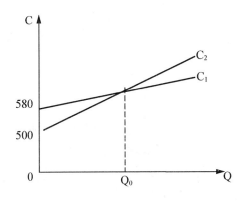

图 5-2　盈亏平衡分析图

结论：

当工程量小于 6 896.55 m³ 选用方案二，当工程量大于 6 896.55 m³ 选用方案一。

- 问题 4

若本工程的工程量 Q = 9 000 m³、合同工期 T = 10 个月时：

方案一：$C_1 = 160 + 35 \times 10 + 0.0984 \times 9\ 000 = 1\ 395.6$（万元）

方案二：$C_2 = 200 + 25 \times 10 + 0.11 \times 9\ 000 = 1\ 440$（万元）

故应采用方案一。

若方案二可缩短工期 10%，则：

方案二：$C_2 = 200 + 25 \times 10 \times (1 - 10\%) + 0.11 \times 9\ 000 = 1\ 415$（万元）

所以还是应采用方案一。

管理小知识

挣值管理（Earned Value Management）是一种综合了范围、进度计划、资源和项目绩效度量的方法，它通过对计划完成的工作、实际挣得的收益、实际花费的成本进行比较，以确定成本与进度是否按计划进行，提供分析、决策依据，从而选取不同的应对措施，以保证最终完成项目目标。

根据图5-3，了解如下重要概念：

（1）应完成多大工作量

计划成本PV（Planned Value），也称为计划工作的预算成本（BCWS）。在图5-3中，PV = 1 000元。

（2）已完成工作的成本是多少

实际成本AC（Actual Cost），也称为已完成工作的实际成本（ACWP）。在图5-3中，AC = 1 100元。

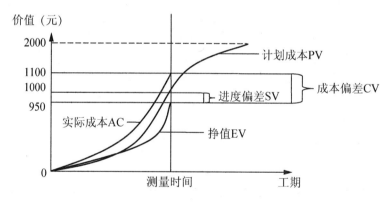

图5-3 挣值管理图

（3）已完成多大工作量

挣值EV（Earned Value），也称为已完成工作的预算成本（BCWP）。

对EV的解释：有一项任务预定在测量时间点上完工，其计划成本为1 000元。但只完成这项任务的95%，这样就完成了950元的工作量，这就是挣值（EV）。

（4）成本偏差CV（Cost Variance）

CV = EV – AC。CV是项目任务的挣值与实际成本之间的差异，已完成了950元的工作量（EV），但为完成这一工作实际花费了1 100元（AC）。完成这项工作比原先预想的多花了150元（CV）。

(5) 进度偏差 SV (Schedule Variance)

SV = EV – PV。SV 是项目或项目任务的挣值与预算值之间的差异。对于一项工作，原先预计到测量时间点为止会完成 1 000 元的工作量 (PV)。而实际上完成了 950 元的工作量 (EV)。这样，就比原计划少完成了 50 元的工作量 (SV)。

(6) 成本绩效指数 CPI (Cost Performance Index)

CPI = EV ÷ AC。CPI 是总挣值除以总成本。仍以图 5-3 为例，已完成了 950 元的工作量 (EV)，而为完成这项工作花了 1 100 元 (AC)。这样，实际花 1 元完成了 0.864 元的工作量（成本与绩效之比）。

(7) 进度绩效指数 SPI (Schedule Performance Index)

SPI = EV ÷ PV。SPI 是总挣值除以总预算成本。在图 5-3 中，已完成了 950 元的工作量 (EV)，而计划工作的价值是 1 000 元 (PV)。这样，计划完成 1 元工作量，实际完成了 0.95 元的工作量（进度绩效之比）。

(8) 全部工作假定价值，即完工预算 BAC (Budget at Completion) 或称"总预算"

BAC = 完成时的预算 – 项目预计总成本的基线。在图 5-3 中，BAC = 2 000 元。

(9) 尚未完工部分的估算 ETC (Estimate to Completion) 价值

即从开始到完成项目将还需要花费多少成本。ETC = EAC – AC。在图 5-3 中，ETC = 2 315 – 1 100 = 1 215（元）。

(10) 完工估算 EAC (Estimate at Completion)

反映了根据项目的进展总成本是多少。

最常用的两个公式是 EAC = BAC ÷ CPI 和 EAC = AC + ETC。在计算过程中，优先使用第一个公式，如果有明确的理由说明第一个公式不可用，则采用第二个公式。在图 5-3 中，EAC = 2 000 ÷ 0.864 = 2 315（元）。

(11) 完工偏差 VAC (Variance at Completion)

即全部工作预算价值 (BAC) 与全部工作概算价值 (EAC) 之差。VAC = BAC – EAC，正值是项目组追求的目标，表明成本比预计情况要好。在图 5-3 中，有：VAC = 2 000 – 2 315 = –315（元）。

(12) 绩效指数 TCPI (To Complete Performance Index)

TCPI = (BAC – EV) ÷ (BAC – AC)。在图 5-3 中，有：TCPI = (2 000 – 950) ÷ (2 000 – 1 100) = 1.17。从这一点出发，必须取得效益，即每花费 1 元要完成 1.17 元的价值，以便用预计剩下的资金完成余下的工作。

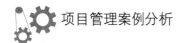

(13) 任务完成百分比 PC（Percent Complete）

即已完成的工作占总工作量的比例。PC = EV ÷ BAC。在图 5-3 中，有：PC = 950 ÷ 2 000 = 47.5%

(14) 成本消耗百分比 PS（Percent Spent）

是指已经消耗的成本占项目总预算的比例。在图 5-3 中，有：PS = 1 100 ÷ 2 000 = 55%。

所有的价值，无论是计划的还是实际的，都用货币值表示偏差，但它反映的是项目绩效（Project Performance）。因此，挣值是项目绩效度量的一个非常有帮助的工具。进度偏差和成本偏差对项目的影响如表 5-7 所示。

表 5-7 进度偏差和成本偏差对项目的影响

成本偏差 CV \ 进度偏差 SV	SV > 0	SV < 0
CV > 0	项目在成本预算控制之内，并且进度提前	项目在成本预算之内，但进度落后
CV < 0	项目成本超支，但进度提前	成本超支且进度落后，项目计划控制不力

案例 5-4　挣值分析与成本预测

案例来源： 2010 年信息系统项目管理师案例分析试题

【案例正文】

A 信息技术有限公司是大型电子政务系统集成商，目前负责为某地财政局开发一套能够为财政服务，提供财政基本建设资金管理，财务监督、审核，为财政的基建科、预算科和国库科等相关部门提供数据互享的财政基本建设管理信息系统。此系统充分地体现财政部门对基本建设项目的管理，对国家预算安排的基本建设资金使用的管理，更好地实现财政的管理监督的职能作用。

小李作为项目经理负责此项目，项目组成员包括项目经理 1 人、系统分析师 1 人、高级程序员 3 人、程序员 3 人、软件界面美工 1 人、测试人员 2 人、客户方技术人员 2 人。由于财政年度等因素，项目的计划工期为 40 周，预算成本为 50 万元。根据该项目的需求和进度等要求，项目具有工期紧、技术要求高、业务复杂等特点。为顺利实现项目进度和质量等目标，A 项目管理部门和高层领导对该项目格外重视，要求项目组每周汇报进度状态。

在项目的实施过程中，第 19 周时小李向公司经理报告项目的进展状态，在状态报告中经理列出了第 18 周（包含第 18 周）的项目状态数据，具体如下：

（1）截至项目状态日期，项目实际已完成的工作量为 50%；
（2）截至项目状态日期，项目已完成工作量的实际成本（AC）为 28 万元；
（3）截至项目状态日期，项目的计划成本（PV）为 26 万元。

【问题】

1. 试确定项目截止到项目状态日期已完成工作量的挣值（EV）。
2. 预测项目结束时的总成本（EAC）。
3. 请对该项目在费用控制方面的执行状况进行分析。
4. 项目经理在检查经费超支时发现，有一项任务 F 还没有开始实施，但为 F 任务购买设备的支票已经支付，其费用为 4 万元。另外，还有一张已经支付的支票，其费用为 3 万元，是作为整个 H 任务的硬件费用，但 H 任务在状态日期完成的工作量为 40%。根据这一信息再预测项目结束时的总成本。

【案例解析】

- 问题 1

截至项目状态日期已经完成工作量的预算成本，即挣值（EV）= 50 × 50% = 25（万元）。

- 问题 2

项目结束时的总成本（EAC）= 28 ÷ 50% = 56（万元）。

- 问题 3

由于 AC > PV > EV，说明项目实际费用支出超前，与实际完成工作量相比费用超支，项目实际完成工作量与计划工作量相比出现拖期。

● 问题4

重新预计的项目完工总成本(EAC) = ［28 - 4 - 3 × （1 - 40%）］ ÷ 50% = 44.4（万元）。

案例 5-5 项目工程量变更调价

【案例正文】

某公路改建工程施工项目，施工合同中将"有效合同价（Effective Contract Price）"定义为合同中扣除计日工（Daywork）及暂定金额（Provisional Sums）后的价格。

施工合同关于调价的条款如下：

条款 1 有效价增加超过原有效合同价的15%的那部分款额，应免现场管理费和总部管理费（本工程现场管理费率和总部管理费率分别为3%和2%）。

条款 2 原合同的工程量清单中某一项工程费用变更金额超过合同总价的2%，且工程量的变化超过该项目工程量的25%时，工程师有权确定该超过部分的新单价。

本工程调价权重系数及当期价格指数如表5-8所示。

表5-8 调价权重系数及当期价格指数

调价指标	固定（即不调价部分）	人工	机械	钢材	水泥	木材	地方材料	其他材料	燃油
权重系数%	a = 15	b = 13	c = 15	d = 6	e = 13	f = 5	g = 13	h = 10	i = 10
当期价格指数		105	104	102	104	101	98	102	105

在该项目工程量清单汇总表中列出如下：

第100章　总则（前期工程费用）　　100万元

第200章　路基土石方工程　　　　 800万元

（其中：土方30万 m³，综合单价10元/m³；石方10万 m³，综合单价50元/m³）

第600章　排水工程　　　　　　　 100万元

　　　　　暂定金额　　　　　　　 100万元

在工程施工后发现并确认土方实际只有 25 万 m^3;石方则达 15 万 m^3。再无其他工程变更。经三方协商后,工程师确定超过部分(即需调价部分)的石方工程的新综合单价为 48 元/m^3。

【问题】

1. 请根据施工合同条款计算本期应减免的管理费。

2. 请根据施工合同条款确定石方工程是否需要调价并确定本期石方工程的结算价。

3. 试分别计算本期累计支付额、本期调价系数及本期应支付给承包商的总金额。

【案例解析】

- 问题 1

根据条款 1 计算管理费的扣减:

原有效合同价 $B_0 = 100 + 800 + 100 = 1\,000$(万元)

实际有效合同价 $B_1 = 100 + (25 \times 10 + 15 \times 50) + 100 = 1\,200$(万元)

有效合同价增加比例 $= (1\,200 - 1\,000)/1\,000 = 20\% > 15\%$

超过原有效合同价的 15% 的那部分款额 $= 1\,200 - 1\,000 \times 115\% = 50$(万元)

则根据条款 1 应减免的现场管理费和总部管理费 $= 50 \times (3\% + 2\%) = 2.5$(万元)

- 问题 2

根据条款 2 确定石方工程是否调价:

石方工程费用变更占合同总价比例 $= (15 \times 50 - 10 \times 50)/(100 + 800 + 100) = 22.7\% > 2\%$

石方工程量的变化占该项目工程量的比例 $= (15 - 10)/10 = 50\% > 25\%$

满足条款 2 中的调价条件,应予调价。

工程师确定超过部分的石方工程的新综合单价为 48 元/m^3:

则石方的最终结算价 $= 10 \times (1 + 25\%) \times 50 + [15 - 10 \times (1 + 25\%)] \times 48 = 745$(万元)

- 问题 3

本期累计支付额 $= 100 + 25 \times 10 + 745 + 100 - 2.5 = 1\,192.5$(万元)

根据表 5-8,本期调价系数(P_n) $= 15\% + 13\% \times (105/100) + 15\% (104/100) +$

$6\% \times (102/100) + 13\% \times (104/100) + 5\% \times (101/100) + 13\% \times (98/100) + 10\% \times (102/100) + 10\% \times (105/100) = 1.023\,8$

本期应付给承包商金额 = $1\,192.5 \times 1.023\,8 = 1\,220.88$（万元）

百安居的节俭哲学

案例来源：《商界·中国商业评论》2005 年第 7 期

百安居（B&Q）隶属于世界 500 强企业之一、拥有 30 多年历史的大型国际装饰建材零售集团——英国翠丰集团，从 1999 年进入中国内地，至今已开设了 23 家分店。作为一家财大气粗的公司却将节俭发展为一种生存哲学，在日常的运营中阐释着什么叫"细者为王"。

北京四季青桥百安居一楼卖场的西南角摆了张小桌子，来访者在有些破旧的登记簿上签字后，通过狭窄的楼道就到了华北区百安居总部的办公区。与明亮宽敞的卖场相比，办公区显得有些寒酸。华北区总经理办公室同样简陋，一张仅能容纳 6 人的会议桌，毫无档次可言的普通灰白色文件柜，没有老板桌，总经理文东坐的椅子（用"凳子"这个词也可以）和普通员工一样，连扶手都没有，仅就这几件物品，办公室已不显宽敞。总经理手中的签字笔只要 1.5 元，由行政部门按不高于公司的指导价去统一采购，这听上去有些令人惊叹，而他们选用廉价笔的理由是，既然都能写字，为什么要用贵的呢？

通过多年来在全球范围内的经营活动，百安居随时注意收集各地数据，并据此形成各种费用在不同情况下的不同标准，它包括核心城市、二类城市和单层店、二层店等不同参考体系。而且在已有的控制体系中，当标准同实际情况比较时，任何有助于降低成本的差异都能够被用来作为及时更正的依据。

以百安居营运成本中的人事成本为例，他们对人事的成本控制，控制的是总量，特别是员工数量，而对员工的个人收入不加限制。简单地说，人力配置项目与人均利润息息相关。2 万多平方米的卖场，只有 230 多名员工，平均100平方米配置1名员工。顾客所看到的店员由三部分人组成：固定员工、供应商派过来的促销员、配送和收银中的部分小时工，他们在衣着的颜色和标识上有所区别。此外，临时工占员工总数的20%—30%，目前主要在部分配送和收银工作中使用。人员配置的调整，首先从部门、全店、全国人力效率（每小时的销售额）的对比来考虑，其次再考虑商店的具体情况（如卖场形状、面积、现货比例等）。人员的配置主要包括与销售相关的部门以及支持部门。在此后的运营过程中，会根据实际情况继续对人员配置进行调整，如对与销售相关的部门的员工配置，他们会设置以各部门为纵向坐标，以标准配置、实际配置、建议配置、销售达成、员工效率等项目为横向坐标的表格进行分析汇总（商店部门员工效率＝部门销售实际/部门人时；前后台部门员工效率＝商店销售实际/部门人时）。而对防损、物业、行政、团购等支持部门，主要采取定岗编制，调整原因则以事实描述为主。

对于一些直接的、显性的成本项目，每一项费用都有年度预算和月度计划，每一笔支出都要有据可依。营运报表细化，记录着137类费用单项，其中，可控费用（包括人事、水电、包装、耗材等）84项，不可控费用（包括固定资产折旧、店租、利息、开办费摊销等）53项。尽管单店日销售额曾突破千万元，营运费用仍被细化到几乎不能再细化的地步，有的甚至单月费用不及100元。每个月、每个季度、每一年都会由财务汇总后发到管理者的手中，超支和异常的数据会用红色特别标识，管理者会对报告中的红色部分相当留意，在会议中，相关部门需要对超支的部分作出解释。

预算只能对金额可以量化的部分进行明确的控制，但是如何实施以及那些难以金额化的部分怎么降低成本呢？百安居的标准操作规范（SOP），将如何节俭用制度固化下来取得了良好的效果。一套成型的操作流程和控制手册在百安居被使用，该手册从电能、水、印刷用品、劳保用品、电话、办公用品、设备和商店易耗品八个方面提出控制成本的方法。比如将用电的节俭规定到了以分钟为单位，如用电时间控制点从7：00到23：30，依据营业、配送、四季和当地的日照情况划分为 18 个时间段，相隔最长的达 7 个小时，相隔最短的仅有 2 分钟。《营运控制手册》的前言部分写道："我们希望所有员工不要混淆'抠门'与'成本控制'的关系，原则上，'要花该花的钱，少花甚至不花不该花的钱'，我们要讲究花钱的效益。"而且"降低损耗，人人有责"的口号在百安居随处可见。这种文化的灌输从新员工入职培训时就已经开始，并且常常在每天晨会中不断灌输、强化。

这就是百安居的节俭哲学：企业的所有支出，都是建立在可以给客户提供更多价值的基础之上。换句话说，企业所有的投入都应该为客户服务，以提供给客户更多的让渡价值为本。

案例 5-6　工地水淹承包商索赔

【案例正文】

某水电站工程引水隧道在施工过程中遇到连绵大雨。由于地下断层、裂隙和许多喀斯特溶洞相互贯通等不利的地质条件，使隧道工区的地下水骤增，工程被迫停工，设备也被淹没。为了保证工程进度和施工安全，业主指令承包商紧急购买所需的额外排水设备，尽快恢复施工。承包商在贯彻和实施业主指令的过程中，向业主单位正式提出了索赔要求，承包商认为，如此大量的地下涌水，造成设备被淹没和被迫停工，实属承包商无法合理预见的不利自然条件，理应得到补偿。

该承包公司在索赔报告书中提出了下列三项索赔：

（1）额外增加的排水设备费；

（2）额外排水工作的劳务费；

（3）被地下涌水淹没的机械设备损失费。

业主分析了承包商的索赔要求，认同了前两项索赔，但是不同意补偿第三项索赔。业主认为，在地下水涌出和增加的过程中，承包商有可能将那些设备撤到不被水淹没的地方，有经验的承包商可以避免此项损失。承包商则坚持认为业主应该赔偿被地下涌水淹没的机械设备损失。双方协商未果，诉诸法院。

【问题】

1. 如何处理此次诉讼？
2. 如果承包商采取了适当措施，结果会怎样？

【案例解析】

- 问题1

《中华人民共和国合同法》第119条规定："当事人一方违约后，对方应当采取适当措施防止损失的扩大；没有采取适当措施致使损失扩大的，不得就扩大的损失要求赔偿。当事人因防止损失扩大而支出的合理费用，由违约方承担"。本条虽然规定的是一方违约情况下另一方防止损失扩大的义务，但在合同履行过程中出现签订合同时无法合理预见的不利条件的情况下，当事人同样也有防止损失扩大的义务。本案中，在出现地下涌水后，在涌水的过程中承包商可以但却没有采取适当措施，致使机械设备被淹，不得就扩大的损失要求赔偿，应驳回承包商的诉讼请求。

- 问题2

在上述案例中，如果承包商采取了适当的措施，将会有两种结果：

（1）由于地下涌水过快，最终还是未能避免机械设备被淹，那么承包商应该可以获得相应的赔偿，并且还可以要求为避免设备被淹而采取措施的费用赔偿。

（2）承包商由于采取了措施而避免了机械设备被淹，那么承包商可以要求业主赔偿为避免设备被淹而采取措施的费用。

在这两种情况下，承包商均可以获得相应的赔偿。应注意的是：采取的措施要适当，如果承包商采取措施的费用超过了所挽救设备的价值，对于超过设备价值部分的措施费用承包商也无权要求赔偿。

工程师应对承包商索赔

某小型水坝工程，系均质土坝，下游设滤水坝址，土方填筑量 876 150m³，砂砾石滤料 78 500m³，中标合同价 7 369 920 美元，工期 1 年半。在投标报价书中，工程除直接费（人工费、材料费、机械费以及施工开办费等）以外，另加 12% 的工地管理费，构成工程工地总成本；另列 8% 的总部管理费及利润。在投标报价书中，大坝土方的单价为 4.5 美元/m³，运距为 750m；砂砾石滤料的单价为 5.5 美元/m³，运距为 1 700m。

开始施工后，咨询工程师先后发出 14 个变更指令，其中 2 个指令承包商认为增加工程量的数量都比较大，土料增加了原土方量的 5%，砂砾石滤料增加了约 16%；而且土料和砂砾石滤料的运输距离相应增加了 100% 及 29%。因此，承包商要求按新单价计算新增加的工程量的价格，并提出了索赔，如表 5-9 所示。

表 5-9 承包商索赔事项及款额

索赔项目	增加工程量	单价	款额
坝体土方	40 250m³（原为 836 150m³）运距由 750m 增至 1 500m	4.75 美元/m³	191 188 美元
砂砾石滤料	12 500m³（原为 78 500m³）运距由 1 700m 增至 2 200m	6.25 美元/m³	78 125 美元
延期 4 个月的现场管理	原合同额中现场管理费用 731 143 美元，工期 18 个月	40 619 美元/月	162 476 美元
以上三项索赔总计			431 789 美元

该项目咨询工程师就承包商提出的索赔事项处理如下：

（1）鉴于工程量的增加，以及一些不属于承包商责任的工期延误，经按实际工程记录核定，同意给承包商延长工期 3 个月。

(2) 报价总体分析。工程承包施工合同额 7 369 920 美元，其中：

总部管理费及利润 = 7 369 920 × [8/(100 + 8)] = 545 920（美元）

工地现场管理费 = (7 369 920 − 545 920) × [12/(100 + 12)] = 731 143（美元）

则每月工地现场管理费 = 731 143 ÷ 18 = 40 619（美元）

(3) 对新增的土方 40 250 m^3 进行具体的单价分析。

① 新增土方开挖费用。按照施工方案，用 1m^3 正铲挖掘机装车，每小时 60m^3，每小时机械及人工费 28 美元。则挖掘单价 = 28 美元/60m^3 = 0.47（美元/m^3）。

② 新增土方运输费用。用 6 吨卡车运输，每次运 4m^3 土，每小时运送两趟，运输设备费用每小时 25 美元。则运输单价 = 25/(4 × 2) = 3.13（美元/m^3）。

③ 新增土方的挖掘、装载和运输直接费单价。直接费单价 = 0.47 + 3.13 = 3.60（美元/m^3）。

④ 新增土方单价。直接费单价 3.60 美元，增加 12% 现场管理费 0.43 美元，工地总成本 = 3.60 + 0.43 = 4.03（美元），增加 8% 总部管理费及利润 0.32 美元，合计 = 4.03 + 0.32 = 4.35（美元）。故新增土方单价应为 4.35 美元/m^3。

⑤ 新增土方补偿款额。补偿款额 = 40 250m^3 × 4.35 美元/m^3 = 175 088 美元，而不是承包商所报的 191 188 美元。

(4) 对新增砂砾石滤料 12 500m^3 进行单价分析。分析过程同上，分析结果为：

① 开挖及装载费用为 0.62 美元/m^3；

② 运输费用为 3.91 美元/m^3；

③ 单价分析：直接费单价 4.53 美元，增加 12% 现场管理费 0.54 美元，工地总成本 = 4.53 + 0.54 = 5.07（美元），增加 8% 总部管理费及利润 0.41 美元，则新增砂砾石滤料单价为 5.48 美元/m^3；

④ 新增砂砾石滤料补偿款额 = 12 500 m^3 × 5.48 美元/m^3 = 68 500（美元）。

(5) 关于工期延长的现场管理费补偿。

工程师批准了工期拖延 3 个月，按原合同所确定的进度为 409 440 美元/月，则新增工作量相当于正常的合同工期 = (175 088 + 68 500)/409 440 = 0.6 个月，则这 0.6 个月的现场管理费已在新增工作量价格中获得，而另有 2.4 个月的现场管理费必须另外计算。承包商所计算的合同中现场管理费总额是 731 143 美元，则业主应补偿承包商的现场管理费为：731 143 × (3 − 0.6)/18 = 97 486（美元）。

（6）应同意支付给承包商的索赔款如下：

① 坝体土方 175 088 美元；

② 砂砾石滤料 68 500 美元；

③ 现场管理费 97 486 美元。

总计 341 074 美元。

施工工程变更与索赔

某施工单位（乙方）与某建设单位（甲方）签订了某工业建筑项目的地基处理与基础工程施工合同。由于工程量无法准确确定，根据施工合同专用条款规定，按施工图预算方式计价，乙方必须严格按照施工图及施工合同规定的内容及技术要求施工。乙方的分项工程首先向监理工程师申请质量认证，取得质量认证后，向造价工程师提出计量申请和支付工程款。工程开工前，乙方提交了施工组织设计并得到批准。

事件1：在工程施工过程中，当进行到施工图所规定的处理范围边缘时，乙方在取得在场监理工程师认可的情况下，为了使夯击质量得到保证，将夯击范围适当扩大。施工完成后，乙方将扩大范围内的施工工程量向造价师提出计量付款的要求。

事件2：在工程施工进行过程中，乙方根据监理工程师指示就部分工程进行了变更。

事件3：在开挖土方过程中，有两项重大事件使工期发生较大的拖延：一是土方开挖时遇到了一些工程地质勘探没有探明的孤石，排除孤石拖延了一定的时间；二是施工过程中遇到数天季节性大雨后又转为特大暴雨引起山洪暴发，造成现场临时道路、管网和施工用房等设施以及已施工的部分基础被冲坏，施工现场部分材料被冲走，乙方数名施工人员受伤，雨后乙方用了很多工时清理现场。为此乙方按照索赔程序提出延长工期和费用补偿要求。

问题:

1. 对事件1，乙方对扩大范围的施工工程量要求付款是否合理？为什么？
2. 对事件2，试问工程变更部分合同价款应根据什么原则确定？
3. 对事件3，试问造价师应如何审理？

第 6 章

项目质量管理篇

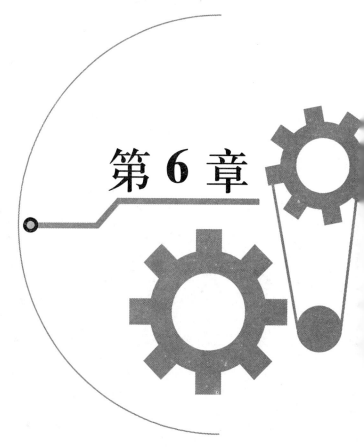

QC 活动改善施工质量

1. 工程概况

某燃煤发电厂一期装机总容量为 4×600 MW，同时承建1#和2#机组。1#汽轮发电机基座基本形状为长方形：长 47 600mm、宽 11 430mm，南北分为 6 条轴线，东西分为 2 条轴线。最大框架梁高为 3.048m，框架柱最大截面尺寸为 3 800mm×2 100mm，砼总方量为 2 430m³，钢筋用量为 515 吨。该项目提出要求汽机基座混凝土外观达清水砼标准，并针对这一任务专门成立了 QC 小组。

2. 现状调查（P阶段）

由 QC 小组组长主持由项目部现场经理、总工程师和小组成员以及施工人员和质检人员参加的调查分析会，对影响清水混凝土效果的各个因素进行分析和讨论，对参加会议的 15 人进行信息收集，共收回 15 份 40 条信息。最后归纳总结出六个清水砼外观工艺易出现的弊病（见表6-1）和影响清水砼外观质量问题排列图（见图6-1）。

表6-1 砼外观工艺主要弊病统计表

编号	影响因素	频次	累计频数	累计百分率
a	黑斑、漏砂	15	15	37.5%
b	表面平整度	9	24	60.0%
c	表面颜色不一致	6	30	75.0%
d	表面色差	5	35	87.5%
e	表面气泡	3	38	95.0%
f	表面蜂窝、麻面	2	40	100%

3. 设定目标

总目标：砼外观达到清水砼标准

目标分解：

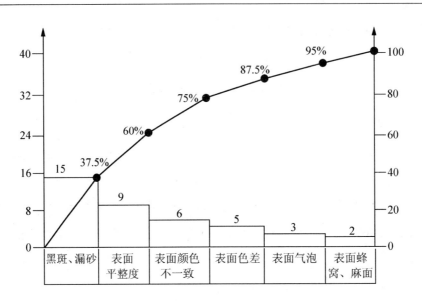

图 6-1 影响清水砼外观质量问题排列图

（1）色泽一致，表面平整、洁净；

（2）表面无漏砂和黑斑；

（3）表面平整度 <3mm；

（4）预埋件水平高差 <3mm。

4. 分析原因（见图 6-2）

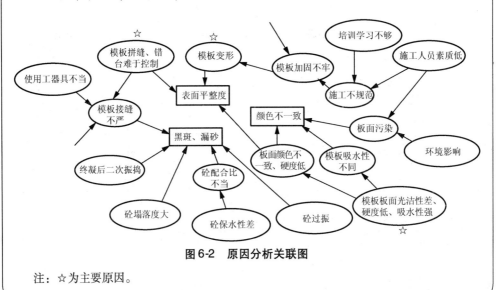

图 6-2 原因分析关联图

注：☆为主要原因。

5. 确定主要原因（见表6-2）

表6-2 要因论证与确定表

序号	原因名称	确定方法	要因论证	是否要因
1	人员素质低	调查分析	通过教育培训可以克服。	否
2	工具落后	调查分析	资金到位后配备齐全且充足的工机具，并加以严格管理，是可以避免的。	否
3	使用工具不当	调查分析	派经验丰富的施工人员详细讲解，可以避免使用工具不当。	否
4	模板板面光洁性差、硬度低、吸水性强	现场验证	模板质量的好坏严重影响砼外观。	是
5	砼塌落度大	现场验证	通过合理的配比、现场的严格监督可以得到有效的提高。	否
6	砼保水性差	调查分析	对外加剂保水性，对水泥的实用性进行检验，对砂石进行级配，可以得到有效的解决。	否
7	终凝后二次振捣	调查分析	通过详细的交底和现场监督，可以解决。	否
8	砼过振	调查分析	通过详细的交底和现场监督，可以解决。	否
9	培训学习不够	调查分析	通过组织培训和现场学习，可以解决。	否
10	模板拼缝、错台难于控制	现场验证	所定目标标准高，影响因素较多，对砼外观造成很大影响。	是
11	没有模板支撑体系计算书	调查分析	计算书是支撑体系的有效保证，而支撑体系的牢固性直接影响砼的平整性等多方面指标。	是
12	环境影响	现场验证	对现场进行验证，通过措施可以克服。	否

经过QC小组成员对原因分析的调查统计，确定了影响清水砼外观质量的主要原因：

（1）模板板面光洁性差、硬度低、吸水性强；

（2）模板拼缝、错台难于控制；

（3）没有模板支撑体系计算书。

6. 制定对策（见表6-3）

表6-3 对策措施表

序号	原因	对策	目标	措施
1	模板板面光洁性差、硬度低、吸水性强	选用高质量模板	选用硬度高、刚度大、吸水性小且板面高亮度的复合玻璃钢模板	从4家生产大模板的厂家中选取高诚信厂家，复合玻璃钢模板进厂后要进行外观检验。
2	模板拼缝、错台难于控制	签署责任状，落实到人，质检人员跟踪现场，过程控制	模板拼缝与错台均小于1mm	（1）以责任状为依据，责任层层传递，落实到人。 （2）提前画好配模图，安排专人监督模板拼装，预拼装检验合格后方可正式支模。 （3）梁柱转角部位选用通长角钢，使模板紧角钢并用螺栓固定，尽量减小拼缝和错台。
3	没有模板支撑体系计算书	编制模板支撑体系计算书	支撑体系中每根立杆所能承受的力大于其所承受荷载，保证模板无变形	（1）依据施工方案和排架计算书，加大现场巡查力度，浇筑砼时派专人检验、调整模板。 （2）排架所用扣件必须检验合格，梁底加 Φ278 钢管作辅助支撑。

7. 对策实施

（1）经研究并结合市场实际情况决定选用复合玻璃钢大模板，使模板质量得到了显著提高。

（2）编制《排架搭设专项施工方案》，并通过计算保证模板加固方案的可行性。

（3）汽机基座排架所用扣件和钢管的检验。

（4）加大现场巡查力度，保证支撑体系的可用性。

（5）建设单位与施工单位及QC小组签订责任书。

（6）加工模板前经过QC小组探讨，要求前后模板必须对衬，尽量减少拼缝。

(7) 框架柱四周包通长角钢。

(8) 以责任状为依据，层层把关，将操作者姓名贴于模板上，浇筑砼过程中检验并调整模板落实到人。

8. 效果验证

经过以上措施的实施砼外观工艺达到清水砼要求，实现了预定目标。表面平整度所测部分数据如表6-4所示。

表6-4 表面平整度数据

序号	检验部位	质量目标	实测数据
1	框架柱砼面	<3mm	0，1，0.5，1
2	框架柱砼面与角钢接口处	<3mm	1，0.5，0.5，1
3	中间夹层砼面	<3mm	1，2，1.5，2
4	运转层框架梁侧砼面	<3mm	2，1，2，2

9. 巩固措施

经过QC小组的努力，QC活动的目标圆满实现。为了巩固本次成果，QC小组召开了专题总结会议，共同编制了《汽机基座上部结构作业指导书》、《汽机基座螺栓加固样板架作业指导书》、《大体积砼施工方案》、《汽机排架作业指导书》，以便在同类工程中加以推广。

小故事

一天动物园管理员发现袋鼠从笼子里跑出来了，于是开会讨论，一致认为笼子的高度过低，所以他们决定将笼子的高度由原来的10米加高到20米。结果第二天他们发现袋鼠还是跑到外面来，所以他们又决定再将高度加高到30米。没想到隔天居然又看到袋鼠全跑到外面来，于是管理员们大为紧张，决定一不做二不休，将笼子的高度加高到100米。

一天长颈鹿和几只袋鼠们在闲聊。"你们看，这些人会不会再继续加高你们的笼子？"长颈鹿问。"很难说"，袋鼠说，"如果他们继续忘记关门的话！"

【启示】

这是一个典型的本末倒置的例子。动物园管理员们不是去消除根源——"关门",而是去加高"笼子"。

在作质量问题调查的时候,如果不找到问题的根源,那么永远无法消除这些质量问题。同时,还将造成企业成本的升高——"加高笼子"。

所以,作为质量人,我们要经常拷问我们自己:"我们的袋鼠笼子关好了吗?"

案例 6-1　施工质量问题的监理

案例来源: 2008 年全国监理工程师执业资格考试《建设工程监理案例分析》试题

【案例正文】

某工程,建设单位委托监理单位承担施工阶段监理任务。在施工过程中,发生如下事件:

事件 1　专业监理工程师检查钢筋电焊接头时,发现存在质量问题(见表 6-5),随即向施工单位签发了《监理工程师通知单》要求整改。施工单位提出,是否整改应视常规批量抽检结果而定。在专业监理工程师见证下,施工单位选择有质量问题的钢筋电焊接头作为送检样品,经施工单位技术负责人封样后,由专业监理工程师送往预先确定的实验室,经检测,结果合格。于是,总监理工程师同意施工单位不再对该批电焊接头进行整改。在随后递交的月度工程款支付申请时,施工单位将该检测费用列入工程进度款中要求一并支付。

事件 2　专业监理工程师在检查混凝土试块强度报告时,发现下部结构有一个检验批内的混凝土试块强度不合格,经法定检测单位对相应部位实体进行测定,强度未达到设计要求。经设计单位验算,实体强度不能满足结构安全的要求。

表6-5 钢筋电焊接头质量问题统计表

序号	质量问题	数量
1	裂纹	8
2	气孔	20
3	夹渣	54
4	咬边	104
5	焊瘤	14

事件3 对于事件2，相关单位提出了加固处理方案并得到参建各方的确认。施工单位为赶工期，采用了未经项目监理机构审批的下部结构加固、上部结构同时施工的方案进行施工。总监理工程师发现后及时签发了《工程暂停令》，施工单位未执行总监理工程师的指令继续施工，造成上部结构倒塌，导致现场施工人员1死2伤的安全事故。

【问题】

1. 根据表6-5，采用排列图法列表计算质量问题累计频率，并分别指出哪些是主要质量问题、次要质量问题和一般质量问题。

2. 指出事件1中施工单位的提法及施工单位与项目监理机构做法的不妥之处，写出正确做法或说明理由。

3. 按《建设工程监理规范》的规定，写出项目监理机构对事件2的处理程序。

4. 按《建设工程安全生产管理条例》的规定，分析事件3中监理单位、施工单位的法律责任。

【案例解析】

- 问题1

采用排列图法列表计算质量问题的累计频率（见表6-6）。

主要质量问题：咬边和夹渣。

次要质量问题：气孔。

一般质量问题：焊瘤和裂纹。

表 6-6 排列图法列表计算质量问题及累计频率

序号	质量问题	数量	频率（%）	累计频率（%）
1	咬边	104	52	52
2	夹渣	54	27	79
3	气孔	20	10	89
4	焊瘤	14	7	96
5	裂纹	8	4	100
合计		200	100	

- 问题 2

(1) 不妥之处：施工单位提出，是否整改应视常规批量抽检结果而定。

正确做法：施工单位应该进行整改。

(2) 不妥之处：送检样品经施工单位技术负责人负责封样。

正确做法：送检样品应经监理工程师负责封样。

(3) 不妥之处：送检样品由专业监理工程师送往预先确定的试验室。

正确做法：送检样品由施工单位送往预先确定的试验室。

(4) 不妥之处：总监理工程师同意施工单位不再对该批电焊接头整改。

正确做法：总监理工程师应要求施工单位对出现质量问题的电焊接头整改。

(5) 不妥之处：施工单位将检测费用列入工程进度款中要求一并支付。

正确做法：见证取样的试验费用应由承包单位支付。

- 问题 3

按照《建设工程监理规范》的规定，项目监理机构对事件 2 的处理程序如下：

监理人员发现施工存在重大质量隐患，可能造成质量事故或已经造成质量事故，应通过总监理工程师及时下发《工程暂停令》，要求承包单位停工整改。整改完毕并经监理人员复查，符合规定要求后，总监理工程师应及时签署工程复工报审表。

● 问题4

按照《建设工程安全生产管理条例》的规定，事件3中监理单位不承担法律责任。

施工单位的法律责任是：作业人员不服管理、违反规章制度和操作规程冒险作业造成重大伤亡事故或者其他严重后果，构成犯罪的，依照刑法有关规定追究刑事责任。

小故事

魏文王问名医扁鹊说："你们家兄弟三人，都精于医术，到底哪一位最好呢？"

扁鹊答："长兄最好，中兄次之，我最差。"

文王再问："那为什么你最出名呢？"

扁鹊答："长兄治病，是治病于病情发作之前。由于一般人不知道他事先能铲除病因，所以他的名气无法传出去。中兄治病，是治病于病情初起时。一般人以为他只能治轻微的小病，所以他的名气只及本乡里。而我是治病于病情严重之时。一般人都看到我在经脉上穿针管放血、在皮肤上敷药等大手术，所以以为我的医术高明，名气因此响遍全国。"

【启示】

"病"可以理解为"质量事故"。能将质量事故在"病"情发作之前就进行消除，才是"善之善者也"。

预防质量事故，要从"小病"做起，也就是要防患于未然。

对于成功处理已发生质量事故的人要进行奖励，同时，更要对预防质量事故的人和行为进行奖励。

水电工程施工质量管理

案例来源：《水力发电》2006年第4期
作　　者： 陈同俭（武警水电第一总队）

1. 工程概况

洪家渡水电站位于贵州省织金县与黔西县交界的乌江六冲河下游峡谷河段内，距贵阳市公路里程158km，距下游东风水电站公路里程70km，是乌江梯级开发的"龙头"电站，总库容49.25亿m^3；钢筋混凝土面板堆石坝最大坝高179.5m，坝顶高程1147.5m，装机容量600MW。左岸坝肩工程是洪家渡水电站工程坝肩开挖工程的一部分，由武警水电二支队承建。坝肩开挖边坡高度约310.6m，共分19个台阶开挖，每个台阶高度15m，开挖方量92.41m^3，是当时水利水电建设工程中最大高度的开挖边坡。开挖区边坡陡峻，河谷窄，边坡为顺向坡，存在多处岩溶区，发育有F3、F6、F8等规模较大的断层，断层影响破碎带宽一般为0.5—10m，卸荷裂隙延伸长度达20—50m、宽0.2—0.7m，卸荷带垂直发育深度小于60m、宽20—30m，给施工及其工程质量管理带来一定难度。

2. 质量管理机构和质量保证体系

为实现工程合格率100%、土建工程优良率在90%以上、工程质量达到国家优质工程标准的目标，项目部贯彻科学管理、精心施工、过程受控、质量一流的方针，坚持质量第一、质量一票否决、质量重奖重罚原则，并根据开挖边坡的施工强度和施工特点，以质量目标为宗旨，以GB/T19001—2000标准为指南，建立健全了质量管理机构和质量保证体系。

（1）建立以项目经理为第一责任人、质量副经理为主管责任人、质量安全部部长为具体负责人的质量责任制，成立了由各管理部门及各施工队负责人参加的工程质量管理机构。

（2）在贯彻GB/T19001—2000质量体系文件的基础上，完善了项目部的质量保证体系，并成立了以项目经理和质量副经理为核心，有关部门领导参加的质量管理委员会；建立质量责任制，积极开展创优活动、全面质量管理和QC活动，保证工程质量创优目标的实现。

3. 工程质量控制点的布置

在坝肩开挖施工过程中，项目部根据GB/T19001—2000系列标准和监理工程师的现场指令，按照公司《过程控制程序》中所规定的标准与要求，并针对坝肩的特点设置了工程质量控制点（见表6-7），对工程施工的全过程实施过程受控。

表6-7　质量控制点设置

序号	控制环节		控制要点	责任人	主要控制内容	工作依据	工作见证
一	制定施工文件		施工组织设计	总工程师	编制施工组织设计、上报审批	图纸及国家技术标准、验收	批准的施工组织设计
			施工方案	总工程师	编制施工方案、上报审批	企业资源	批准的施工方案
二	技术交底		逐级交底	项目技术人员	设计意图、规范要求、技术关键	图纸及施工方案	技术交流、会议记录
三	施工过程	爆破试验	石方开挖质量	项目质量、技术部门	梯段高度，钻孔孔位，起爆顺序，装药结构，爆破器材，爆破震动速度，爆破块径，级配及飞石距离等	试验要求、作业指导书、技术规范	试验报告
		测量放样	精度	测量人员	轴线、高程、轮廓边线及各种填料、开挖位置线	施工图、测量规范	竣工图
		进度	计划工期	生产副总经理	各分部、分项工程进度、月进度、年进度，人、机、物的配置	合同、施工组织设计、施工技术方案	调度会记录月计划、年计划
		土石方明挖	建基面、边坡质量指标	项目质量、技术部门	钻爆参数、钻孔质量、装药、分段等质量、安全效果	钻爆试验及设计	检验记录
		验收	开挖单元工程	质量部门	建基面、填筑的填料、铺料层厚、压实的质量	设计文件，有关规程规范、质检记录	质量评定记录

4. 质量管理措施和办法

项目部在认真落实质量标准的基础上，制定了切实可行的质量过程控制程序，使每个施工环节处于受控状态，每个过程都有质量记录，施工全过程具有可追溯性；定期召开质量专题会，发现问题及时纠正，推进和完善质量管理工作，使质量管理逐步标准化；建立健全质检机构，项目部设质量安全部，设置4个专业质检工程师岗位，认真落实施工过程中的质量管理措施和办法。

（1）健全质量自检制度，加强质量监督检查

在施工过程中，严格执行质量三级自检制度。质检员坚持旁站制，在现场进行质量跟踪，加强对钻孔深度、钻孔角度、钻孔间排距、装药起爆等工序的检查，发现问题及时纠正，严格把关，达不到质量或工艺要求的工序不得进入下道工序。

（2）完善管理办法及措施，确保施工过程受控

① 项目部认真执行公司认证的 GB/T19001—2000 标准体系质量文件中的《施工技术管理办法》，结合边坡开挖质量要求、地质情况及技术要求，编制了实施性施工组织设计文件，并建立了施工设计文件会审制度、技术交底制度、开竣工报告制度、测量三级复核责任制度及资料文件档案管理制度。

② 依据设计图纸、招标文件、施工规范和施工措施及公司《质量体系第三层次（管理性）文件》，编制了质量管理计划，制定出各分部分项工程程序控制图及质量控制点；编制了施工作业指导书、操作规程、管理细则和岗位责任制度等，对施工质量进行全过程的管理控制，以确保整个施工过程连续、稳定地处于受控状态；并实施了岗位责任制度，施工复测制度，技术交底制度，开竣工报告制度，材料检验制度，试验室抽样制度，隐蔽工程检查制度，工程负责人质量评定奖惩制度，工程自检、互检及旁站制度，工程质量事故处理制度等10项管理制度。

③ 对钻孔深度、钻孔角度、钻孔间排距、装药起爆工序等，制定了详细的施工过程控制和操作细则，并落实了技术人员专业分工负责制，使专业技术人员既是该工序技术质量负责人又是施工负责人，有效地预防了因技术人员和施工人员责任不清而导致的质量缺陷。

④ 落实质量"三检制"和"联检制"。施工过程中，坚持施工队班组自检、工区质检员复检、项目部质量安全部质检工程师终检的"三检制"，在"三检"合格的情况下由质量安全部质检工程师将检验合格证呈交监理工程师，并在监理工程师约定的时间内，由质检工程师、质检员与监理工程师一起，对申请验收的部位进行联检，监理工程师在验收合格证上签字后方可进行下道工序的施工作业。

⑤ 建立隐蔽工程"专业联检制"。隐蔽工程在覆盖前必须按照规定的质量检查程序，进行质量验收。在监理工程师未进行现场签证前，不得对隐蔽工程进行覆盖作业。

(3) 实行工程质量岗位责任制和质量终身制

工程按照标准化、程序化作业的要求，实行定人、定点、定岗施工，各负其责。施工现场挂有标牌，写明施工区域、技术负责人及行政负责人，接受全方位、全过程的监督，并奖优罚劣，确保一次达标。对不按施工程序和设计标准施工的班组和个人追究责任，予以经济惩罚。

(4) 严把"四关"，坚持质量一票否决制

① 严把图纸关

组织技术人员对图纸进行认真复核，了解设计意图，严格按图纸和规范要求组织施工，并层层组织技术交底。

② 严把测量关

由工程技术部施工测量队根据复核成果进行测量控制网的布设及对施工放样进行抽检复核，厂队测量组负责施工测量放线。

③ 严把材料质量及试验关

由取得国家 CMA 认证的中心试验室提供资料报监理工程师审批，对每批进入施工现场的材料都按规范要求进行质量检验，并按质量保证体系进行管理。

④ 严把过程工序质量关

严格按照技术图纸、规范及技术措施进行施工，做到"六不施工，三不接交"。

"六不施工"，是指不进行技术交底不施工；图纸和技术要求不清楚不施工；测量和资料未经审核不施工；材料无合格证或试验不合格不施工；隐蔽工程未经联合签证不施工；未经监理工程师认可或批准的工序不施工。

"三不接交"，是指无自检记录不接交；未经监理工程师或值班技术员验收不接交；施工记录不全不接交。

⑤ 坚持质量一票否决制

对施工过程中违反技术规范、规程的行为，质检人员有权当场制止并责令其限期整改。对不重视质量、粗制滥造、弄虚作假的行为人，质检人员有权要求其行政领导给予严肃处理，并追究其相应的责任。在施工过程中，始终坚持质量一票否决制。

(5) 增强职工质量服务意识和服务水平

① 开工前和施工过程中，对职工进行质量责任、安全生产和质量管理意识教育，牢固树立"百年大计、质量第一"的观念，针对本工程的实际，对各级人员进行技术业务的再培训，使职工具有保证各工序作业质量的业务知识和能力。质量检验人员和特殊工种作业人员必须持证上岗。

② 由总工程师及专业工程师亲自抓技术交底工作，组织关键和特殊工序的作业人员进行经常性的技术学习，严格贯彻执行施工控制程序，以提高职工技术素质。

(6) 开展全面质量管理活动

各施工队认真做好工程的施工记录、资料收集整理，每月写出质量报表，对施工质量进行质量统计分析，找出质量缺陷原因，及时提出改正措施。项目部每月开展一次质量评比活动，以确保质量目标的实现。

问题：

PDCA循环是戴明博士在20世纪80年代提出来用在质量管理的理论，PDCA即Plan（计划）、Do（执行）、Check（检查）、Action（处理或行动）的第一个字母。PDCA循环就是按照这样的顺序进行管理，并且循环不止地进行下去的科学程序。请以PDCA循环为框架，画图归纳上述洪家渡水电工程质量管理经验。

> **管理箴言**
>
> "真正的质量特性"是满足消费者要求,而不是国家标准或技术标准,后者只是质量的"代用特征"。
>
> ——〔日〕石川馨
>
> 质量的主导地位基于这样一个事实:是用户决定质量,而不是推销员、工程师、公司经理决定质量。要承认:对质量的评价如何取决于用户使用产品在客观或主观上的感觉。
>
> ——〔美〕A. V. Feigenbaum

案例 6-2 三峡工程的质量控制

案例来源:《建筑经济》2006 年第 1 期

作　　者: 陆佑楣(中国长江三峡工程开发总公司)

【案例正文】

三峡工程成败的关键在于工程的质量。为此,三峡总公司建立了一套完善的质量保证体系,加强质量意识,严格控制工程质量。

(1) 制定质量标准

根据已有的国家标准、部颁行业标准及三峡工程设计的特殊要求,并结合三峡工程的施工特点,三峡总公司组织编制了《中国长江三峡工程标准》(TGPS),包含 50 余个质量控制标准,并汇编成册,贯彻执行。

(2) 建立质量管理机构及责任制

从原材料生产、加工制造、储存运输、施工监理、项目管理到三峡总公司各级管理人员,都建立了相关的责任制。每一环节都有明确的责任人。三峡总公司还组织参建各方成立三峡工程质量管理委员会,负责质量检查、督促、协调、指导、评价等管理工作。

(3) 建立质量事故处理程序

现场发现质量缺陷或事故必须在规定时间内逐级上报,项目部组织参建各方进行现场检查,查阅施工记录,初步界定属一般缺陷或质量事故的,提出修复或补强加固处理方案,对重大质量事故应"推倒重来",彻底返工处理。难以处理的报三峡总公司和设计单位进行研究,提出处理方案,经批准后认真执行,确保不留隐患,并对事故责任者进行追究与处罚。

(4) 建立质量奖罚制度

除合同有关规定外,还制定了《三峡工程质量奖罚办法》。因质量事故造成的经济损失应由责任方承担,并扣留质保金,责任人处罚由责任方自行处理。三峡总公司为促进各参建方确保工程质量,建立了质量保证激励机制,在第二阶段施工期,从工程成本内提取2.5亿元作为质量特别奖,对不出现任何质量缺陷和事故者,将给予奖励。

(5) 建立单元工程评定制度

每一部位、每一单元工程完工后及时进行质量评定。从1993年开工至今,共评定15余万个单元工程,合格率为100%,其中优良单元占80%以上。

(6) 建立逐级质量检查制度

原材料出厂检查由三峡总公司委托有资格的机构按照规定标准,实行出厂合格证签发制度。

钢结构及机组设备制造,由三峡总公司委托有资格的国内外监造机构进行驻厂检查,定期向三峡总公司报告质量状况,并坚持到站检查,国外进口的设备要进行入关检查和到现场检查。

在施工过程中由承包商自检、监理工程师检查、总公司试验中心、测量中心、安全监测中心及金属结构检测中心等部门对各部位按规程进行抽检。

三峡总公司还聘请国内外有经验的专家担任混凝土、机电设备焊接安装等专业总监,加强质检控制力度。

国务院三峡工程建设委员会组建由多名中国工程院院士组成的专家组,每年两次对工程质量进行跟踪检查,向国务院三峡工程建设委员会提出负责的工程质量报告。

【问题】

试绘制三峡工程原材料等质量检查体系示意图。

【案例解析】

三峡工程原材料等质量检查体系示意图如图6-3所示。

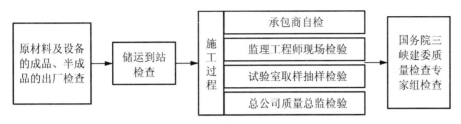

图6-3 质量检查体系示意图

 想想看

青藏铁路工程质量管理

1. 青藏铁路工程概况

修建青藏铁路是中国政府在进入新世纪之际作出的重大战略决策,是国家"十五"四大标志性工程之一,是西部大开发的重点工程之首。

青藏铁路北起青海省西宁市,南至西藏自治区拉萨市,全长1 956km,其中西宁至格尔木约846km已于1984年建成。青藏铁路2期工程格尔木至拉萨段,全长1 142km,从青海省西部重镇格尔木市火车站引出,过南山口后,上青藏高原腹地,途经纳赤台、五道梁、沱沱河、雁石坪,翻越唐古拉山进入西藏自治区,再经过安多、那曲、当雄、羊八井,至拉萨市。线路走向与青藏公路基本并行。经过海拔4 000m以上地段960km,翻越唐古拉山路段海拔最高达5 072m,其中桥梁隧道总长约占线路总长的8%。经过多年连续冻土地段550km,经过九度地震烈度区216km。

青藏铁路总工期为6年,设计输送能力为每天8对客车。新线于2001年6月29日开工,2002年开始从南山口向南铺轨,2004年在安多同时向南北两个方向铺轨,2005年铺轨通过唐古拉山并提前实现全线铺通,2006年7月1日正式运营。青藏铁路是当今世界海拔最高、最长的高原铁路。

青藏铁路自开工以来,各现场参建单位牢固树立"百年大计、质量第一"思想,始终将工程质量控制放在首位,紧紧围绕建设世界一流高原铁路的总目标，坚持高起点、高标准、高质量，千方百计确保工程坚固可靠，经得起运营考验，经得起历史检验，努力把青藏铁路建设成为优质工程、精品工程和示范工程。

经有关质检部门进行现场检查，青藏铁路格拉段路基、桥涵、隧道、轨道、房建、电力等工程质量始终处于可控状态。在青藏铁路建设中，共创造了385项优质样板工程，质量合格率为100%，优良率为91%。全线开通运营前，铁道部组织验收表明，工程合格率符合验收标准要求。全线路基、桥涵、隧道等建筑物结构稳定，各项设备状态正常，列车运行速度达到设计速度，冻土地段100km/h，非冻土地段120km/h。青藏铁路工程质量达到了世界高原冻土铁路一流水平。

2. 青藏铁路建设目标管理体系

青藏铁路建设目标管理体系如图6-4所示。

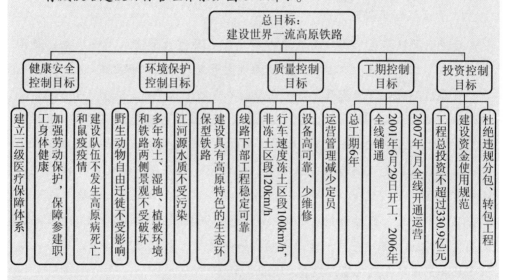

图6-4 青藏铁路建设目标管理体系

3. 以责任制为核心的工程质量管理

青藏铁路建设坚持"百年大计、质量第一"方针，建立严密的工程质量管理组织机构，制定完善的质量管理规章制度，构成以责任制为核心的工程质量管理体系，如图6-5所示。

第6章 项目质量管理篇

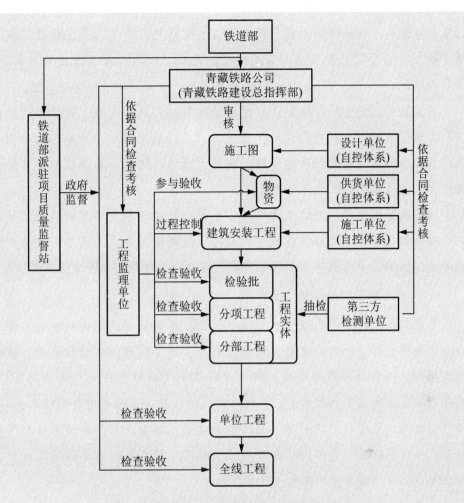

图6-5 青藏铁路建设实施阶段工程质量管理体系

4. 青藏铁路质量管理主要文件

青藏铁路建设总指挥部颁布实施了《青藏铁路建设管理办法》，明确了青藏铁路建设工程质量创优各方、各层次的责任；制定了工程创优、优质样板工程评比办法、工程质量奖惩办法。各参建单位制定了创优规划，建立健全质量保证体系，将目标责任分解到人，做到权责分明、制度严明。

5. 质量监督管理的组织结构

为探索公益性铁路工程项目管理新路子，首次在青藏铁路工程项目实行法人责任制，为建设好、管好、用好青藏铁路创造了有利条件。铁道部报请国务院批准成立青藏铁路公司,即管建设又管运营,是有别于股份公司或有限责任公司的国有独资企业。青藏铁路公司在格尔木设立了建设总指挥部,由青藏铁路公司主要领导担任总指挥部指挥长,全面实施项目建设管理。

青藏铁路在质量管理体制上,建立了项目法人统一管理、施工单位严格自控、监理单位认真核查、设计单位优化配套、政府监督全面到位、使用单位提前介入的运转模式;推行了设计咨询、现场优化设计和桥桩基第三方无损检测制度;实施第三方评估制度。

国务院和铁道部分别成立监督领导小组,并通过各个环节的质量监督站的管理和监督来管理铁路建设质量。青海、西藏两省成立支援进藏铁路建设领导小组,2002年9月3日成立了青藏铁路公司,履行建设和运营管理职能。

6. 质量监督管理的实施

青藏铁路工程建设质量监督由铁道部工程质量监督总站青藏铁路监督站负责。质量监督站设有监督处、协调控制处、质量监督问题处理处等,质量监督站切实履行政府监督职能,对参建单位资质和质量行为实施全面监督,有计划有目的地监管工程质量,并针对具体的项目质量问题进行监督和处理。质量监督站人员进行定时和不定时的检查监督,对重点工程和竣工项目进行抽查。铁道部机关有关部门认真开展执法监察,对存在的质量问题及时提出整改要求,使工程质量始终处于受控状态。

青藏铁路工程建设严格执行技术标准、严格质量内部自控、严格质量监督管理,推行了责任监理工程师和专职巡视监理工程师制度,试行旁站监督管理、施工单位签认、总指挥部定期检查制度。在全路首次引入路基、桥隧工程质量评估制度,委托铁路科技院在铺轨前对路基、桥隧工程质量进行全面评估,评估通过才能进行铺架作业。

为了保证质量,各施工单位还普遍制定了施工"三服从、四不施工、一个坚决"的制度。"三服从",即进度、工作量、经济核算必须服从工程质量。"四不施工",即施工准备没有完成、施工方案和质量措施没有确定、设计图纸没有进行自审和会审、没有进行技术交底的工程不准施工。"一个坚决",即质量不合格的工程坚决返工。

青藏铁路始终坚持高起点、高标准、高质量的"三高"要求，坚持"质量第一"，建立和强化了建设管理、设计、施工、监理的质量管理体系，形成了"建设单位统一管理、施工单位严格自控、监理单位认真核查、设计单位优化配合、使用单位提前介入、政府监督全面到位"的管理模式，工程质量普遍较好。

问题：

三峡水利枢纽工程和青藏铁路工程都是举世瞩目的宏伟工程，请根据上述案例并查阅相关文献资料对两个工程质量管理的特点、异同和经验进行分析，并探讨对未来大型工程建设项目质量管理的借鉴和启发。

第 7 章

项目合同管理篇

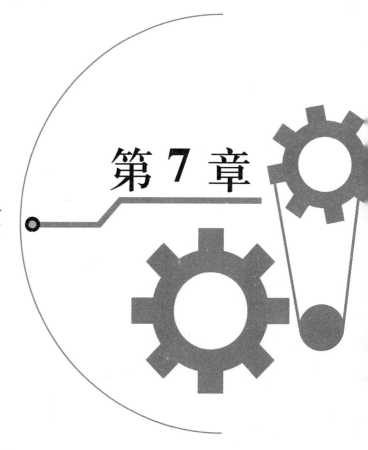

案例 7-1　未约定价款引发的争议

【案例正文】

某建筑公司急需一批某型号钢筋，急发传真告知某物资公司，请求该公司在一周之内发货 20 吨；物资公司接到传真后，立即回传真同意马上发货。一周后，货到建筑公司。一个月后，物资公司来电催建筑公司交付货款，并将每吨钢筋的单价和总货款数额一并提交建筑公司。建筑公司接电后，认为物资公司的单价超过以前购买同类钢筋的价格，去电要求按原来的价格计算货款。物资公司不同意，称卖给建筑公司的钢筋是它们在钢厂调高价格后购买的，这次给建筑公司开出的单价只有微薄利润。建筑公司提出因双方价格不能达成一致，鉴于物资公司发来的钢筋已经在工程上使用，愿意将自己从其他地方购买的同类同型号钢筋退给物资公司。物资公司不同意，为此双方发生争议。

【问题】

争议应如何处理？试从要约与承诺、合同是否成立、价款如何确定等方面展开讨论。

【案例解析】

建筑公司与物资公司之间已经就合同的标的、数量通过要约和承诺达成协议，虽然货物价格没有达成协议，但不影响合同的成立。事后，物资公司又按约定按时发货，履行了合同规定的义务。建筑公司以事后没有就价格事项达成协议为由提出退货，实际上是否认了自己的承诺，故不能退货。

关于货款价格的确定，根据《中华人民共和国合同法》（以下简称《合同法》），合同生效后，当事人就质量、价款或者报酬、履行地点等内容没有约定或者约定不明确的，可以协议补充；不能达成补充协议的，按照合同有关条款或者交易习惯确定。当事人就有关价款或者报酬的约定不明确，依照上述办法仍不能确定的，适用如下规定，即按照订立合同时履行地的市场价格履行；如依法应当执行政府定价或者政府指导价，则按照规定履行。

为避免此类纠纷，合同当事方在交易前应订立内容完整的书面合同，尤其

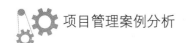

是关于标的、数量、质量、价格、合同期限、履行地点、履行方式、违约责任、解决争执方法等关键条款的约定应具体、明确。

案例 7-2 要约和承诺的期限

【案例正文】

某市供销公司有一批羊毛待售。某年 4 月 2 日，该公司销售部以信件形式向一纺织厂发出要约，将羊毛的数量、价格、质量等作了详细说明，并规定如发生争议应提交仲裁委员会仲裁，该信还特别注明，希望在 15 日内得到答复。由于工作人员疏忽，该信件没有说明起算期，信件落款未写明日期。信件因邮政编码书写有误，直到 4 月 8 日才发出。

4 月 17 日纺织厂收到信件，并于次日即 4 月 18 日发特快专递，请求尽快发货。特快专递于 4 月 19 日送达供销公司。不料供销公司因 4 月 18 日未收到纺织厂回信，已将羊毛卖给其他厂家。

纺织厂几次催货未果，向仲裁委员会申请仲裁，要求供销公司承担违约责任。

【问题】

供销公司是否承担责任？有何依据？

【案例解析】

根据《合同法》规定：要约可以撤回，撤回要约的通知应当在要约到达受要约人之前或者与要约同时到达受要约人。要约可以撤销，撤销要约的通知应当在受要约人发出承诺通知之前到达受要约人。但有下列情形之一的，要约不得撤销：（1）要约人确定了承诺期限或者以其他形式明示要约不可撤销；（2）受要约人有理由认为要约是不可撤销的，并已经为履行合同做了准备工作。

供销公司在信件中并没有说明承诺期限的起算期，落款也没有写明日期，因此承诺期应从投寄信件的邮戳日期 4 月 8 日算起，承诺期限应至 4 月 23 日。供销公司在承诺期限届满之前就将羊毛另行出售的行为是典型的缔约过失行为，应承担缔约过失责任。

案例 7-3　工程量清单合同索赔

案例来源：2010 年全国造价工程师考试案例分析试题

【案例正文】

某市政府投资新建一所学校，工程内容包括办公楼、教学楼、实验室、体育馆等。招标文件的工程量清单表中，招标人给出了材料暂估价，承发包双方按《建设工程工程量清单计价规范》（GB50500—2008）以及《标准施工招标文件》签订了施工承包合同。合同规定，国内《标准施工招标文件》不包括的工程索赔内容，执行 FIDIC 合同条件的规定。

工程实施过程中，发生了如下事件：

事件 1　招标截止日期前 15 天，该市工程造价管理部门发布了人工单价及规费调整的有关文件。

事件 2　分部分项工程量清单中，天平吊顶的项目特征说明中龙骨规格、中距与设计图纸要求不一致。

事件 3　按实际施工图纸施工的基础土方工程量与招标人工程量清单表中基础土方工程量发生较大的偏差。

事件 4　主体结构施工阶段遇到强台风，特大暴雨，造成施工现场部分脚手架倒塌，损坏了部分已完工程、施工现场承发包双方办公用房和施工设备、运到施工现场待安装的一台电梯。事后，承包方及时按照发包方要求清理现场，恢复施工，重建承发包双方现场办公用房，发包方还要求承包方采取措施，确保按原工期完成。

上述事件发生后，承包方及时对可索赔事件提出了索赔。

【问题】

1. 投标人对设计材料暂估价的分部分项进行投标报价，以及该项目工程造价款的调整有哪些规定？

2. 根据《建设工程工程量清单计价规范》（GB50500—2008）分别指出对事件 1、事件 2、事件 3 应如何处理，并说明理由。

3. 在事件 4 中，承包方可提出哪些损失和费用的索赔？

【案例解析】

- 问题1

报价时对材料暂估价应进入分部分项综合单价，计入分部分项工程费用。材料暂估价在工程价款调整时，如需依法招标的，由发包人和承包人以招标方式确定供应商或分包人；不需要招标的，由发包人提供，发包人确认。中标或确认的金额与工程量清单中的材料暂估价的金额差以及相应的税金等其他费用列入合同价格。

- 问题2

在事件1中，人工单价和规费调整在工程结算中予以调整。因为报价以投标截止日期前28天为基准日，其后的政策性人工单价和规费调整，不属于承包人的风险，在结算中予以调整。

在事件2中，清单项目特征说明与图纸不符，报价时按清单项目特征说明确定投标报价综合单价，结算时由投标人根据实际施工的项目特征，依据合同约定重新确定综合单价。

在事件3中，挖基础土方工程量的偏差，为招标人应承担的风险。《建设工程工程量清单计价规范》规定：采用工程量清单方式招标，工程量清单必须作为招标文件的组成部分，其准确性和完整性由招标人负责。

- 问题3

在事件4中，承包方可提出如下索赔：部分已完工程损坏修复费、发包人办公用房重建费、已运至现场待安装电梯的损坏修复费、现场清理费，以及承包方采取措施确保按原工期完成的赶工费。

想想看

施工合同条款问题诊断

某建设单位（甲方）拟建造一栋 $3\,600\,m^2$ 的职工住宅楼，采用工程量清单招标方式，由某施工单位（乙方）承建。甲乙双方签订的施工合同条款摘要如下：

一、协议书中部分条款

本协议书与下列文件一起构成合同文件：（1）中标通知书；（2）投标函及投标函附录；（3）专用合同条款；（4）通用合同条款；（5）技术标准和要求；（6）图纸；（7）已标价工程量清单；（8）其他合同文件。上述文件相互补充和解释，如有不明确或不一致之处，以合同约定在先者为准。签约合同价人民币（大写）陆佰捌拾玖万元整（￥6 890 000元）；承包人项目经理在开工前由承包人采用内部竞聘方式确定；以甲方规定的质量标准作为该工程的质量标准。

二、专用条款中有关合同价款的条款

1. 合同价款及其调整

（1）本合同价款采用总价合同确定，合同价款包括的风险范围如下：

① 工程变更事件发生导致工程造价增减不超过合同总价10%；

② 政策性规定以外的材料价格涨落等因素造成工程的成本变化。

（2）风险费用的计算方法：风险费用已包括在合同总价中。

（3）风险范围以外合同价款调整方法：按实际竣工建筑面积520元/m^2调整合同价款。

2. 合同价款的支付

（1）工程预付款：于开工之日支付合同总价的10%作为预付款。工程实施后，预付款从工程后期进度款中扣回。

（2）工程进度款：基础工程完成后，支付合同总价的10%；主体结构三层完成后，支付合同总价的20%；主体结构全部封顶后，支付合同总价的20%；工程基本竣工时，支付合同总价的30%。为确保工程如期竣工，乙方不得因甲方资金的暂时不到位而停工和拖延工期。

（3）竣工结算：工程竣工验收后，进行竣工结算。结算时按全部工程造价的3%扣留工程质量保证金。在保修期（50年）满后，质量保证金及其利息扣除已支出费用后的剩余部分退还给乙方。

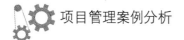

3. 合同工期

(1) 开工日期：2009年3月21日；

(2) 竣工日期：2009年9月30日；

(3) 合同工期总日历天数：190天（扣除5月1—3日）。

三、补充协议条款

在上述施工合同协议条款签订后，甲乙双方又签订了补充施工合同协议条款。摘要如下：

(1) 木门窗均用水曲柳包门窗套；

(2) 铝合金窗90系列改用42型系列某铝合金厂产品；

(3) 挑阳台均采用42型系列某铝合金厂铝合金窗封闭。

问题：

该合同签订的条款有哪些不妥之处？应如何修改？

案例7-4　总价合同造价增加的争议

【案例正文】

某酒店对客房进行改造装修，装修面积为4000m^2。某施工单位根据领取的招标文件和全套施工图，利用低价投标策略并中标。该施工单位（承包商）于2012年11月18日与业主（发包方）签订了固定总价施工合同，总价包干，合同工期为90天（日历天）。合同造价为248万元，其中已包含风险费。主要装修材料由业主提供，并运至施工现场。合同规定工程发生设计变更、现场条件变化和工程量增减都不得调整合同价格。

施工单位于2012年11月25日按照业主的开工指令进场施工，开工后10天，业主对客房的装修设计进行了变更，并以设计变更形式发给施工单位。该施工单位收到设计变更后，对设计变更引起的工程造价进行预算，增加工程造价约30万元。该施工单位及时向业主提出30万元的索赔要求。工程进行了一个月后，业主因资金不到位，不能按期支付工程进度款，口头要求承包商暂停施工 20 天，承包商也口头答应。恢复施工后不久，2013 年 1 月 14 日至 21 日，因罕见的暴风雪导致交通受阻，订购的几种主要装修材料滞留在运输途中，不能按时进场，导致停工 7 天。施工单位春节期间按有关规定放假 7 天，没有施工。施工单位向业主提出顺延工期 34 天。

【问题】

1. 该工程采用固定总价合同是否合适？为什么？

2. 因设计变更引起造价增加，承包商提出的索赔要求是否合理？说明理由。

3. 承包商可以提出的工期索赔应为多少天？说明理由。

【案例解析】

- 问题 1

该工程项目采用固定总价合同基本合适。固定总价合同适用于工程量不大且能够按标准计算、设计图纸完备、工期较短、技术不太复杂、风险不大的项目，该工程基本符合这些条件。

- 问题 2

承包商因设计变更提出的索赔要求不合理，原因是：该施工合同约定"工程发生设计变更、现场条件变化和工程量增减都不得调整合同价格"，因此，设计变更引起工程造价增加的风险应由承包商承担。

- 问题 3

（1）因业主资金不到位，不能按期支付工程进度款，要求停工 20 天，业主对停工承担责任，顺延工期是合理的。

（2）罕见的暴风雪属于双方共同的风险，应延长工期 7 天。

（3）春节期间已包含在合同工期内，春节放假是有经验的承包商能够预见的，是承包商应承担的风险，不应考虑其延长工期要求。

因此，承包商可以获得的工期索赔为 27 天。

小贴士

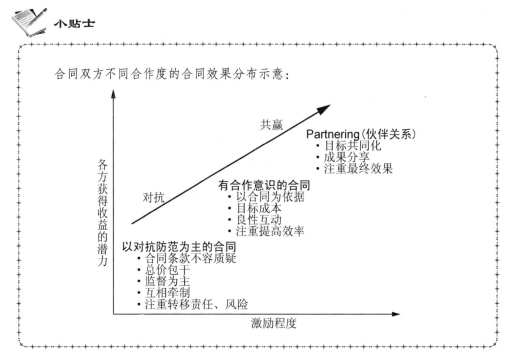

合同双方不同合作度的合同效果分布示意图

▶▶ 问题：

从不同合作度的合同效果分布示意图中看，合同双方的收益潜力和激励程度与合作程度成正相关，请谈谈你的认识。

案例 7-5　承包商施工中的索赔

【案例正文】

某幕墙施工企业中标承包了华南地区某高层建筑的幕墙工程，并签订了施工合同。幕墙工程施工前，建设单位已委托主体结构施工单位按照幕墙施工图完成了预埋件的埋设工作。在幕墙工程施工过程中，该施工单位陆续向建设单位提出下列索赔要求：

（1）幕墙施工队进场后，对主体结构进行了实地测量，发现主体结构局部施工偏差较大，超过了规范规定的允许偏差，导致预埋件埋设位置偏离。经统计，需要采取焊接等补救措施的预埋件有324块，漏埋、错埋需要加做后置埋件的有42块。还有部分混凝土构件施工偏差妨碍幕墙施工安装，需要会同业主和土建承建商采取相应措施。由于上述情况，施工单位向业主提出索赔。

（2）业主要求对施工单位进场的花岗石板材的抗冻性进行复验；同时考虑到本工程采用的6063T6铝合金型材，以前使用较少，要求对其强度进行复验。施工单位同意进行复验，但要求建设单位支付费用。经过复验，花岗石抗冻性合格，铝合金型材强度未达到标准要求。

（3）对现场后置埋件的锚栓，已由具有相应资质的检测机构，按照规定的比例进行现场拉拔力随机抽检合格，监理工程师参加。幕墙面板安装后，监理工程师对某一转角节点的锚栓有疑问，要求打开重新检验，检验结果合格。施工单位提出索赔，要求业主支付幕墙面板拆除、安装工料和锚栓检测等费用。

（4）合同规定由业主供应的中空玻璃，因玻璃生产厂原因延误20天到场。由于中空玻璃板块制作、安装是幕墙工程网络计划中的关键线路上的工作，为此施工单位要求顺延工期20天并索赔窝工损失费用。

【问题】

1. 施工单位提出的第(1)项索赔要求是否合理？为什么？其索赔主要应包括哪些内容？

2. 花岗石和铝合金型材两项材料的复验费用应当由谁承担？

3. 施工单位是否可以拒绝监理工程师的重新检验的要求？为什么？检验的费用应当如何承担？

4. 施工单位提出的第(4)项索赔要求是否合理？为什么？

【案例解析】

- 问题1

合理。因为主体结构施工偏差超过了规范要求，造成幕墙施工单位工期延误和费用支出，相当于建设单位未按约定时间提供施工场地，应当承担相应责任。施工单位的索赔主要应包括顺延工期和预埋件补救、加做后置埋件增加等费用。

- 问题2

花岗石的抗冻性，规范只要求在寒冷地区应进行复验，本工程地处华南地区，可以不复验，且复验结果合格，故应当由建设单位承担费用。铝合金型材强度虽然规范没有要求复验，但业主考虑该型号以前使用较少，有理由提出复验，且复验结果不合格，故应当由施工单位承担费用；如果复验结果合格，其费用应当由业主承担。

- 问题3

施工单位不能拒绝监理工程师的要求。《建设工程施工合同》示范文本中规定："无论工程师是否进行验收，当其要求对已经隐蔽的工程重新检验时，承包人应按要求进行剥离或开孔，并在检验后重新覆盖或修复。检验合格，发包人承担由此发生的全部追加合同价款，赔偿承包人损失，并相应顺延工期。检验不合格，承包人承担发生的全部费用，工期不予顺延。"

- 问题4

合理。根据《合同法》规定："发包人未按照约定的时间和要求提供原材料、设备、场地、资金、技术资料的，承包人可以顺延工程日期，并有权要求赔偿停工、窝工等损失。"

FIDIC 合同国际工程索赔

案例来源：《国际经济合作》2007年第9期

作　　者： 程建、张辉璞、胡明（中国河南国际合作集团有限公司，天津大学管理学院）

在非洲某国112km道路升级项目中，业主为该国国家公路局，出资方为非洲发展银行（ADF），由法国BCEOM公司担任咨询工程师，我国某对外工程承包公司以1 713万美元的投标价格第一标中标。该项目旨在将该国两个城市之间的112km道路由砾石路面升级为行车道宽6.5m，两侧路肩各1.5m的标准双车道沥青公路。项目工期为33个月，其中前3个月为动员期。项目采用1987年版的FIDIC合同条件作为通用合同条件，并在专用合同条件中对某些细节进行了适当修改和补充规定，项目合同管理相当规范。在工程实施过程中发生了若干件索赔事件，由于承包商熟悉国际工程承包业务，紧扣合同条款，准备充足，证据充分，索赔工作取得了成功。以下介绍和分析在整个施工期间发生的五类典型索赔事件：

(1) 放线数据错误

按合同规定，工程师应在 6 月 15 日向承包商提供有关的放线数据，但由于种种原因，工程师几次提供的数据均被承包商证实是错误的，直到 8 月 10 日才向承包商提供了正确的放线数据，据此承包商于 8 月 18 日发出了索赔通知，要求延长工期 3 个月。工程师在收到索赔通知后，以承包商"施工设备不配套，实验设备也未到场，不具备主体工程开工条件"为由，试图对承包商的索赔要求予以否定。对此，承包商进行了反驳，提出：在有多个原因导致工期延误时，首先要分清哪个原因是最先发生的，即找出初始延误，在初始延误作用期间，其他并发的延误不承担延误的责任。而业主提供的放线数据错误是造成前期工程无法按期开工的初始延误。在多次谈判中，承包商根据合同第 6.4 款图纸误期和误期费用的规定："如因工程师未曾或不能在合理时间内发出承包商按第 6.3 款发出的通知书中已说明了的任何图纸或指示，而使承包商蒙受误期和（或）招致费用的增加时，给予承包商延长工期的权利"，以及第 17.1 款和第 44.1 款的相关规定据理力争，此项索赔最终给予了承包商 69 天的工期延长。

(2) 设计变更和图纸的延误

按照合同谈判纪要，工程师应在 8 月 1 日前向承包商提供设计修改资料，但工程师并没有在规定时间内提交全部图纸。承包商于 8 月 18 日对此发出了索赔通知，由于此事件具有延续性，因此承包商在提交最终的索赔报告之前，每隔 28 天向工程师提交了同期纪录报告。项目实施过程中主要的设计变更和图纸延误情况记录如下：

① 修订的排水横断面在 8 月 13 日下发；
② 在 7 月 21 日下发的道路横断面修订设计于 10 月 1 日进行了再次修订；
③ 钢桥图纸在 11 月 28 日下发；
④ 箱涵图纸在 9 月 5 日下发。

承包商根据 FIDIC 合同条件第 6.4 款图纸误期和误期费用的规定，在最终递交的索赔报告中提出索赔 81 个阳光工作日。最终，工程师就此项索赔批准了 30 天的工期延长。在有雨季和旱季之分的非洲国家，由于道路工程施工中某些特定的工序是不能在雨天进行的，因此，索赔阳光工作日的价值要远远高于工作日。

(3) 借土填方和第一层表处工程量增加

由于道路横断面的两次修改，造成借土填方的工程量比原 BOQ（工程量清单）中的工程量增加了 50%，第一层表处工程量增加了 45%。根据合同第 52.2 款"合同内所含任何项目的费率和价格不应考虑变动，除非该项目涉及的款额超过合同价格的 2%，以及在该项目下实施的实际工程量超出或少于工程量表中规定之工程量的 25% 以上"的规定，该部分工程应调价。但实际情况是业主要求借土填方要在同样时间内完成增加的工程量，导致承包商不得不增加设备的投入。对此承包商提出了对赶工费用进行补偿的索赔报告，并得到了 67 万美元的费用追加。对于第一层表处的工程量增加，根据合同第 44.1 款"竣工期限延长"的规定，承包商向业主提出了工期索赔要求，并最终得到业主批复的 30 天工期延长。

(4) 边沟开挖变更

本项目的 BOQ 中没有边沟开挖的支付项，在技术规范中规定，所有能利用的挖方材料要用于 3km 以内的填方，并按普通填方支付，但边沟开挖的技术要求远大于普通挖方，而且由于排水横断面的设计修改，原设计的底宽 3m 的边沟修改为底宽 1m，铺砌边沟底宽 0.5m。边沟的底宽改小后，人工开挖和修整的工程量都大大增加，因此边沟开挖已不适用按照普通填方单价来结算。根据合同第 52.2 款"如合同中未包括适用于该变更工作的费率或价格，则应在合理的范围内使合同中的费率和价格作为估价的基础"的规定，承包商提出了索赔报告，要求对边沟开挖采用新的单价。经过多次艰苦谈判，业主和工程师最后同意，按 BOQ 中排水工程项下的涵洞出水口渠开挖单价支付，实现索赔达 140 万美元。

(5) 迟付款利息

该项目中的迟付款是因为从第 25 号账单开始，项目的总结算额超出了合同额，导致后续批复的账单均未能在合同规定时间内到账，以及部分油料退税款因当地政府部门的原因导致付款拖后。专用合同条款第 60.8 款"付款的时间和利息"规定："业主向承包商支付，其中外币部分应该在 91 天内付清，当地币部分应该在 63 天内付清。如果由于业主的原因而未能在上述的期限内付款,则从迟付之日起业主应按照投标函附录中规定的利息以月复利的形式向承包商支付全部未付款额的利息"。据此承包商递交了索赔报告,要求支付迟付款利息共计88万美元,业主起先只愿意接受45万美元。在此情况下,承包商根据专用合同条款的规定,向业主和工程师提供了每一个账单的批复时间和到账时间的书面证据,有力证明了有关款项确实迟付;同时又提供了投标函附录规定的工程款迟付应采用的利率。由于证据确凿,业主最终同意支付迟付款利息约79万美元。

指定分包商的索赔

案例来源:《商业经济》2009年第4期
作　　者: 夏江美(山东建筑大学商学院)

上海某商务楼,地上101层,地下3层,建筑主体高度492米,是以办公为主,集商贸、宾馆、观光、会议等功能为一体的综合性大厦。业主是某投资发展有限公司(简称A方),大厦建设项目采用的是"设计—采购—施工"总承包模式,即EPC合同模式,总承包商是某建设集团股份有限公司(简称B方)。某工业设备安装有限公司(简称C方)为强电指定分包商,以3.1亿元人民币的投标价格中标,工期为38个月。分包合同采用"FIDIC土木工程施工分包合同条件(1994年第1版)"以及分包合同专用条件。

2004年11月12日C方与A方、B方正式签署了该工程的强电指定分包合同,在确定工程标价的2004年8月,上海铜期货交易市场价格均价在24 800元/吨左右,此后一路飙升,至2006年8月最高涨到80 000元/吨,之后一直稳定在70 000元/吨左右,金属铜的市场价格上涨了将近2倍。电气专业是铜材的消费主力,尤其以电缆、电线、母线、变压器、配电柜为突出。经C方仔细测算,由于全球铜价上涨原因带来的损失约7 880万元人民币,若按照目前的市场价格进行设备材料采购,C方的亏损是超出承受限度的。

2006年9月28日，C方以"非有经验的承包商能合理预见"为由，对铜价上涨引起的损失提出了索赔申请。工程师在收到索赔通知书以后，认为：该分包合同为固定总价合同，合同金额不会因物价的上涨而变更；签订强电工程施工合同时，为了能够早期采购材料，A方设定了合同金额的10%作为预付款，而且每两个月就核定完成工程量并进行付款，C方没有密切关注市场动向，怠慢了提前采购的计划；如果C方由于供电延误影响了整体竣工工期，A方会对C方进行延误罚款800 000元/天。A方以此为理由试图对C方的索赔要求予以否定。对此，C方进行了反驳，提出：这次涨价是意外事件。在2004年的时候没有人能够预见金属铜价格会以史无前例的速度和幅度上涨；本工程的材料设备采购量巨大，10%的预付款购买进口设备35KV高压开关柜、变压器和柴油发电机组等已用完；工程所有设备和主要材料均需进行深化设计，A方在深化设计过程中不断进行设计变更和修改等给C方提前采购带来了很多的困难。对此C方再次提出索赔。

问题：

1. EPC合同模式有哪些特点？
2. C方的索赔是否合理，为什么？
3. 结合案例，谈谈如何处理项目管理中出现的索赔问题。

第 8 章

项目风险管理篇

想想看

工程进度风险管理策划

某330KV变电所是一座重要的枢纽变电所,该工程建设分为建筑、电气安装两部分,其规模概况如表8-1所示。

表8-1 某330KV变电所规模概况

序号	项 目	最终规模	本期规模
1	主变压器	3×240 MVA	2×240 MVA
2	330KV 出线	6—8 回	2 回
3	110KV 出线	16 回	10 回
4	35KV 并联电抗器	3×45 MVar	2×45 MVar
5	35KV 并联电容器	3×60 MVar	2×60 MVar

某送变电建设公司作为施工单位针对该工程主要特点及风险,制订了相应的应对措施计划,如表8-2所示。

表8-2 某330KV变电所工程特点、风险和应对措施计划

工程特点及风险	应对措施计划
施工承包范围广。本工程包括土建、电气两部分,需要施工单位加强协调,合理安排施工。	公司选派具有综合施工经验的项目经理,对土建、电气工程进行综合管理、统筹安排。各专业之间分区进行部分交叉施工和平行施工以保证工期。
工程建设标准高。本工程的质量目标是达标投产、创精品示范工程。	采用现代化的项目管理手段,严格过程控制;采用科学合理的施工方案,在确保进度的前提下保证工程的内在质量和外在工艺。
安全、文明和环境保护要求高。	施工前进行精心的安全文明施工二次策划,加强安全管理,各种标牌、标识统一规范,施工设施齐全,合理布局,规范管理。
建筑工程主体施工基本属于雨季施工。	采取雨冬季施工措施,保证施工质量、施工进度和施工安全。

续表

工程特点及风险	应对措施计划
地基土层为一级自重或非自重湿陷性黄土,不宜作为建筑物的天然地基。	根据设计用二八灰土置换地基土,工程量较大,需要合理安排换土的施工顺序,尽量减少换土占用的时间。
施工期间跨越国庆、元旦、春节这三个法定假期。	春节放假3天,元旦、国庆不放假,依法发放假期间施工人员的工资、奖金、津贴等,保证法定假期期间施工人员的数量和施工进度。

以工程进度风险管理为例,该项目开展了如下工作:

1. 工程进度计划风险识别

经过现场调查,结合本工程的设计特点,在充分了解本工程的现场操作条件和施工环境的基础上,提出本工程的进度计划风险因素清单,并依据以往积累的统计数据,用下式计算出各风险因素的风险等级 D,对本工程进度风险进行预测。

$$D = L \times C$$

其中:L——发生概率;C——发生后造成后果的严重性。

经逐项的评分分析,本工程列出严重影响进度计划的 7 个方面的风险因素,并绘制出风险曲线波动图,如图 8-1 所示。

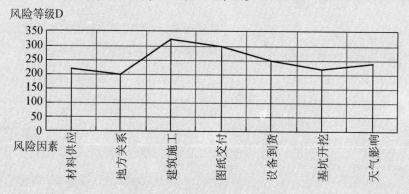

图 8-1 工程进度风险曲线波动图

2. 工程进度风险分析与控制

施工单位针对本工程进度计划风险识别分析结果,制定了相应的控制措施,如表 8-3 所示。

表8-3 进度风险控制措施表

类别	风险分析	控制措施
材料供应	◆ 砂、石场的产量小，影响基础施工； ◆ 基础材料加工慢，不能满足现场需要； ◆ 装置性材料提供不及时，影响施工。	◆ 基础材料选场时尽可能多选，以保证货源充足，供应及时； ◆ 提前进行装置性材料的采购、供应，满足施工进度需要； ◆ 对项目法人供应的材料，要根据施工进度及时提出供应需求； ◆ 配合项目法人做好对项目法人供材的监造、出厂检验、催运等工作。
地方关系	◆ 与当地政府联系、沟通深度不够，造成对工程不理解、不支持； ◆ 不了解或不重视当地风土人情，造成地方关系不融洽。	◆ 取得地方政府和相关部门的支持； ◆ 做好地方宣传工作，依法办事； ◆ 教育职工尊重地方民俗。
建筑施工	◆ 地基处理、场地平整占用前期时间较长； ◆ 主控楼施工工序繁杂，需要二次装修，周期长，进度容易滞后； ◆ 地基处理、场地平整、道路、电缆沟等需要交叉施工，配合不当会影响进度。	◆ 提前做好主控楼施工安排，交叉作业加快进度； ◆ 二次装修方案提前完成，与主体施工同步进行； ◆ 充分利用工作面，多开施工点； ◆ 在条件允许时，采用机械施工； ◆ 道路分两次施工，开工先修道路； ◆ 地基处理、场地平整、道路、电缆沟合理安排施工顺序，分区、分段施工。
图纸交付	◆ 图纸交付晚，影响材料订货。	◆ 提前与主设计人员沟通，预先准备一些装置性材料，待正式图纸收到后再进行修正； ◆ 多与项目法人、监理工程师、设计沟通，以第一时间拿到图纸； ◆ 拿到图纸后尽快安排专业人员进行审核，迅速提交材料计划表，避免影响施工。
设备到货	◆ 设备未按时到货或设备有问题都会影响安装进度。	◆ 物资设备部根据施工进度计划和项目法人提供的设备供货时间，制订设备进场计划，并严格按此计划实施； ◆ 设备到达现场后及时进行开箱检查，如有问题，尽快以书面形式向项目法人、监理工程师汇报。

续表

类别	风险分析	控制措施
基坑开挖	◆ 部分地质软弱，地下水位高，开挖时易坍塌，造成基础工期拖延。	◆ 充分利用当地劳动力，多开施工点； ◆ 在条件允许时，采用机械开挖； ◆ 基坑开挖好后，立即进行钢筋绑扎和混凝土浇筑，避免坍塌。
天气影响	◆ 天气寒冷降低作业效率； ◆ 7月份进入雨季，有效作业时间减少。	◆ 制订材料运输计划、安排吊装作业、变压器内部检查时要考虑天气因素； ◆ 做好材料供应的预测工作，做好供应准备； ◆ 冬季利用中午气温高时施工； ◆ 科学合理安排，尽量避免受雨季、寒冷天气的影响。

问题：

1. 你认为该项目进度风险管理策划工作方面有哪些有益经验和不足之处。

2. 试按风险识别、风险估测、风险评价、风险应对的流程对你或所在单位目前正在开展的某个项目进行风险管理策划。

中东石化项目风险管理

案例来源：《项目管理技术》2009年第12期

作　　者：刘强、江涌鑫（中国海洋大学工程学院，中国石化集团炼化工程公司）

中东地区某大型炼油化工一体化工程，是我国企业作为总承包商与当地工程公司组成联合体承担的具有世界级规模的项目，工程包括1 200万吨蒸馏、300万吨加氢裂化等10套炼油装置，200万吨乙烯、80万吨聚乙烯、55万吨聚丙烯等8套化工装置以及公用工程。项目计划对现有炼油厂进行扩容和适应产品升级的改建，主要处理当地混合原油，新的炼化设施比老厂生产能力提高70%。

项目采用了世界最先进技术，炼油产品全部达到欧Ⅳ标准，化工产品大部分为高性能产品。总投资近30亿欧元，工期为52个月。通过激烈的国际竞争，由我国企业参与的三家公司组成的SOS联合体获得EPC总承包，负责前期技术设计完善、初步设计、详细设计、设备和材料采购、施工安装、预试车和试车服务。鉴于中东地区的政治局势与经济形势的不稳定因素，项目的进度风险不断增加，承包商面临罚款与索赔的威胁。业主与合作方同时要求项目引进全面风险管理机制，对项目的全过程实施风险管理。所以SOS联合体在项目管理委员会支持下，成立了下属项目管理中心的风险管理部。

1. 项目主要风险与处置

（1）汇率风险。项目金额大、工期长，主要装置供应商来自欧美地区。汇率风险是工程的重大风险之一，由于项目初期充分考虑到了汇率的影响，在合同中采用缓和货币模式，以欧元为主，对国内银行采用外汇贷款模式，有效地规避和缓解了由于美元对于人民币贬值所带来的损失。

（2）政治风险。美国对中东地区的战争威胁导致项目面临重大政治风险，其主要表现形式之一为供货商由于恐惧经济制裁与中东地区的战争，拖延项目供货合同签约时间或提高付款条件等，投资商或其他项目合作方也担心项目资金的安全性和银行信用证的有效性等。政治风险在项目中始终存在，项目联合体通过风险分析与评估，认为采购风险增加，通过协商由业主负责部分大型设备的供应，虽然客观上减少了合同额，但是有效地规避了难以控制的设备安装与交付的风险。

风险与机遇并存，项目中该风险所带来的机遇是可以充分利用的。比如，业主原来坚持首选欧美地区的设备，但是在欧美供应商不积极的情况下为了保证项目进度，业主同意选择中国和其他国家的供应商，不但解决了进度问题同时也降低了成本。中国在全球性的金融危机中是比较平稳和安全的市场，项目资金也通过中资银行运作，降低了融资成本，并保证了对我国企业项目支付的安全性。

（3）主要原材料涨价与短缺风险。中东地区的工程市场是比较活跃的，工程总承包项目由于工期长，对原材料市场价格的依赖性比较强，受国际原油市场影响，项目经历了石油价格在每桶 140—150 美元之间的浮动，主要工程材料中的钢材价格的大起大落是项目的又一重大风险。我国企业在设计中比较习惯凭经验和估算，对工程量和钢材规格与尺寸的计算不够精细，对钢材价格浮动带来的成本影响不能很好地控制，在价格高时非常被动。因此，在应对主要原材料价格风险时，可以与主要材料供应商签订保护伞协议，预付部分订金、选择多种备用渠道或者在资金允许的情况下，对关键特殊材料做好储备。

（4）施工风险。施工阶段所暴露的风险主要是最能够反映企业项目风险管理能力的内部风险，详细与准确的施工管理计划是风险识别与规避的主要途径与方法。在项目入场施工阶段主要风险通过 HSE 体系管理。我国企业在项目中严格遵照业主与国际工程公司的要求，强化风险管理意识，与合作各方密切配合，建立了完善的 HSE 风险管理机制，配置了合理的资源。

2. 该项目风险管理经验总结

在境外大型工程项目中有组织、有大量资源投入并能系统地建立风险管理的企业与项目并不多见，本案例中我国石化企业在中东地区实施的项目是一个良好的开端，企业也因成功实施风险管理而获得了欧美知名工程公司的尊重与认可。现将该项目经验总结如下：

（1）境外工程项目风险管理应用的最佳时机是投标报价阶段，一些企业与项目不愿意承担或不能承受的风险可以通过合同形式转移，风险也可以通过成本价格的形式体现到合同报价中。

（2）境外项目的主要风险包括企业对国外项目综合情况的生疏、对业主与合作伙伴的沟通障碍和项目人员本身素质不高等，这些项目软竞争力远远比项目管理的技术能力与资金实力更为重要。境外项目的主要风险还有汇率风险、美国对中东地区的控制与战争威胁而导致的政治风险、主要原材料涨价与短缺风险、施工风险。

（3）境外项目风险管理必须融入项目管理体系，细致化、准确化的项目管理是风险管理量化分析的基础，比如：项目中经常出现设备采购延期的风险，对此应该落实到具体设备型号，找出受影响的 WBS 作业，从而分析出该风险对项目进度和成本的敏感度，找到风险化解方案与处置办法。

(4）项目管理软件应用复杂而且功能并不成熟，要求人力与技术资源的投入较大，适用于金融体系的风险模拟与定量分析方法应用到工程项目中也有很大的局限性。

（5）风险与机遇共存，在发现与管理风险的同时也要抓住风险所带来的机遇，变不利为有利。

（6）我国对外承包工程与涉外工程项目在规模和数量不断增加的同时，风险也在不断增加，"走出去"的企业应加强风险管理建设，建立和实施全面风险管理是保证项目实现预期目标的关键管理环节。

案例 8-1　承建非洲公路项目失败

案例来源：《中国招标》2010 年第 17 期

作　　者：王守清（清华大学）

【案例正文】

我国某工程联合体在承建非洲某国公路项目时，由于风险管理不当，造成工程严重拖期、亏损严重，同时也影响了中国承包商的声誉。该项目业主是该国政府工程和能源部，出资方为非洲开发银行和该国政府，项目监理是英国某监理公司。

在项目实施的四年多时间里，中方遇到了极大的困难，尽管投入了大量的人力、物力，但由于种种原因，合同于 2005 年 7 月到期后，实物工程量只完成了 35%。2005 年 8 月，项目业主和监理工程师不顾中方的反对，单方面启动了延期罚款，金额每天高达 5 000 美元。为了防止国有资产的进一步流失，维护国家和企业的利益，中方承包商在我国驻该国大使馆和经商处的指导和支持下，积极开展外交活动。

2006 年 2 月，业主致函我方承包商同意延长 3 年工期，不再进行工期罚款，条件是中方必须出具由当地银行开具的约 1 145 万美元的无条件履约保函。由于保函金额过大，又无任何合同依据，且业主未对涉及工程实施的重大问题作出回复，为了保证公司资金安全，维护我方利益，中方不同意出具该保函，而用中国银行出具的400万美元的保函来代替。但是，由于政府对该项目的干预得不到项目业主的认可，2006年3月，业主在监理工程师和律师的建议下，不顾政府高层的调解和中方对继续实施本合同所作出的努力，以中方不能提供所要求的1 145万美元履约保函的名义，致函终止了与中方公司的合同。针对这种情况，中方公司积极采取措施并委托律师，争取安全、妥善、有秩序地处理好善后事宜，力争把损失降至最低，但无论如何努力，这无疑已经是一个失败的工程了。

对该项目的风险分析如下：

项目所在地土地全部为私有，土地征用程序及纠纷问题极其复杂，土地主阻工的事件经常发生，当地工会组织活动频繁。当地天气条件恶劣，可施工日很少，一年只有三分之一的可施工日。该国政府对环保有特殊规定，任何取土采沙场和采石场的使用都必须事先进行相关环保评估并最终获得批准方可使用，而政府机构办事效率极低，这些都给项目的实施带来了不小的困难。

在陌生的环境特别是当地恶劣的天气条件下，中方的施工、管理、人员和工程技术等难以适应该项目的实施。在项目实施之前，尽管中方公司从投标到中标的过程还算顺利，但其间蕴藏了很大的风险。业主委托一家对当地情况十分熟悉的英国监理公司起草该合同，该监理公司将合同中几乎所有可能存在的对业主的风险全部转嫁给了承包商，包括雨季计算公式、料场情况、征地情况。中方公司在招投标前期做的工作不够充分，对招标文件的熟悉和研究不够深入，现场考察也未能做好，对项目风险的认识不足，低估了项目的难度和复杂性，对可能造成工期严重延误的风险并未作出有效的预测和预防，造成了投标失误，给项目的最终失败埋下了隐患。

随着项目的实施，该承包商也采取了一系列的措施，在一定程度上推动了项目的进展，但由于前期的风险识别和分析不足以及一些客观原因，这一系列措施并没有收到预期的效果。特别是由于合同条款先天就对中方承包商极其不利，造成了中方索赔工作成效甚微。另外，在项目执行过程中，由于中方内部管理不善，野蛮使用设备，没有建立质量管理保证体系，现场人员素质不能满足项目的需要，现场的组织管理沿用国内模式，不适合该国的实际情况，对项目质量也产生了一定的影响。这些都造成项目进度仍然严重滞后，成本大大超支，工程质量也不尽如人意。

在一个以道路施工为主的工程项目中，道路工程师严重不足甚至缺位，也造成不利影响。在项目实施的四年间，中方公司竟三次调换办事处总经理和现场项目经理。在项目的后期,由于项目举步维艰,加上业主启动了惩罚程序,这对原本亏损巨大的该项目雪上加霜,项目组也未采取积极措施稳定军心。由于看不到希望,施工现场中外职工情绪不稳、人心涣散,许多中方职工纷纷要求回国,当地劳工纷纷辞职,这对项目也产生了不小的负面影响。

【问题】

试谈谈该国际工程项目承包失败的主要原因及教训。

【案例解析】

尽管该项目有许多不利的客观因素,但是项目失败的主要原因还是在于承包商的失误,而这些失误主要还是源于前期工作不够充分,特别是风险识别、分析管理过程不够科学。尽管在国际工程承包中价格因素极为重要而且由市场决定,但可以说,承包商风险管理(及随之而来的合同管理)的好坏直接关系到企业的盈亏。

他山之石

项目健康安全激励计划

某外商投资大型 EPC 工程项目进行违章统计,并制订了符合国际化标准的 HSE 健康安全管理激励计划,设计出每万人工时违章率指标。当每万人工时违章率小于指标值时为正常状态,否则视为安全报警。当出现报警时须立即采取安全行动方案,进行整改。该激励计划如表 8-4 所示。

表 8-4 HSE 激励计划

HSE INCENTIVE SCHEME HSE 激励计划	
Criteria 类别:	
LTI(Lost Time Incident) 损失工时的事故	Any injury incident that results in the employee not being able to return to work on his next workday. These injury incidents will be tracked and totalled until the employee returns to work. 导致员工在第二个工作日无法返回工作岗位的任何人身伤害事故。此类人身伤害事故将被追踪并计算总数,直至员工返回工作岗位。
FI(Fatal Incident) 致命事故	Any injury incident that results in a permanent disability or the death for the employee. 导致员工永久性残疾或死亡的任何人身伤害事故。

续表

Achieved Safety Manhour 达到的安全工时	Definition of the Achievement 奖励标准	Bonus (RMB) 奖金（人民币）	Definition of the Achievement 罚款标准	Penalties (RMB) 罚款（人民币）
1 000 000	LTI 总计 = 0	500 000	LTI 总计 > 2	100 000
2 000 000	LTI 总计 ≤ 1	1 000 000	LTI 总计 > 4	500 000
3 000 000	LTI 总计 ≤ 1	1 500 000	LTI 总计 > 6	1 000 000
4 000 000 直至项目竣工	LTI 总计 ≤ 2	2 000 000	LTI 总计 > 8	1 500 000
至项目竣工	FI 总计 ≥ 1	取消一切奖金	FI 总计 ≥ 1	2 000 000

案例 8-2 电厂施工安全风险管理

案例来源：《电力建设》2004 年第 10 期

作　　者：韦天翔、朱云飞（浙江省电力建设总公司）

浙江长兴发电厂四期（技改）2×300MW 工程是浙江省标准示范电厂，工程总投资 24 亿元，浙江省电力建设总公司总承包，浙江省火电建设公司和浙江省二建建设集团有限公司负责安装、土建。该项目利用长兴电厂原有场地和公用设施，改造建设两台 30 万千瓦国产燃煤机组。其中冷却塔施工是土建施工中难度、风险较高的作业，以往经常出现伤亡事故，直接影响整个工程建设的安全目标，该项目针对冷却塔施工开展安全管理工作。

1. 以教训避免流血——施工过程中危险因素的辨识

通过作业条件危险评价法，对冷却塔施工过程作业活动定量评价，分析危害导致危险时间发生的可能性和后果，确定危险的等级等。

作业条件危险评价的指标有：

（1）L——事故或危险事件发生的可能性大小

绝对不可能的事件发生概率为 0，分值定为 0；必然发生的事件概率为 1，分值定为 10。

（2）E——人体暴露在危险环境中的频繁程度

连续暴露在此危险环境的情况定为 10，而非常罕见的出现在危险环境中的情况定为 0.5。

（3）C——发生事故产生的后果

分段值为 1—100。轻伤规定分段为 1，造成 10 人以上死亡的可能性规定分段为 100。

（4）D——危险值的分值

危险值的分值 = L×E×C。根据该公式可计算作业的危险程度，根据经验可进行危险等级划分。

该冷却塔施工危险辨识与危险评价结果如表 8-5 所示。

表 8-5　冷却塔施工危险辨识与危险评价结果

序号	作业活动	危险因素	可能导致的事故	判别依据（a—e）	作业条件危险评价				危险级别
					L	E	C	D	
1	起重吊装作业	设备、设施缺陷	人员伤亡、设备损坏	e	1	6	40	240	4
		防护缺陷	人员伤亡	e	1	6	40	240	4
		违章作业	人员伤亡	e	1	6	40	240	4
2	高空作业	设备、设施缺陷	人员伤亡	e	0.5	10	40	200	4
		防护缺陷	人员伤亡	e	0.5	10	40	200	4
		违章作业	人员伤亡	e	1	10	15	150	3
		高空坠物	人员伤亡	e	1	10	15	150	3
3	脚手架的搭设、拆除	脚手架缺陷	倒塌、人员伤亡	e	0.5	10	40	200	4
		防护缺陷	高空坠物、人死亡	e	3	6	15	270	4
		违章作业	人员伤亡	e	3	6	15	270	4
4	载客曲线电梯	超载	设备损坏、人员伤亡	b	1	6	40	240	4
		设备缺陷	人员伤亡	e	0.5	6	40	120	3
5	开模	机具设施缺陷	人员伤亡	a	1	6	40	240	4
		高空坠物	人员伤亡	a	3	6	15	270	4
		违章作业	人员伤亡	a	3	6	15	270	4
6	拆模	高空坠物	人员伤亡	a	3	6	15	270	4
7	中心塔吊拆除	倒塔	人员伤亡	a	1	6	40	240	4
		高空坠物	人员伤亡	a	3	6	15	270	4

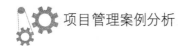

2. 用金刚钻揽瓷器活——先进工艺和设备是保障安全的前提

冷却塔关键分部工程是筒壁的施工,采用了当前国内最先进的哈蒙电动爬模施工技术,材料垂直运输采用DZA200T‑M中心塔吊,施工人员上下采用曲线电梯,使施工过程实行机械化操作。

完善设备安全装置,"有轮必有罩,有轴必有套",以防绞碾事故;在机器的转动危险部位装上联锁装置,发生异常即能自动切断停车,以防误操作;在起重设备上安装各种眼位装置、超负荷限制器等保护装置,以防起重机过卷扬、出轨、超载等造成的事故。

重大机械运行设备(如曲线电梯、塔吊、龙门吊等)都经当地劳动部门验收合格后,才能投入使用。

使设备达到本质安全化的要求,使劳动者不接触危险因素,从而从根本上消除发生伤亡事故的可能。

3. 建章立制——编制施工安全技术措施和程序文件

对冷却塔施工中重大的分部、分项工程分别编制了安全技术措施,如预制构件的吊装工程、电动爬模工程、曲线电梯安装工程、中心塔吊的安装与拆除工程等;在各安全技术措施付诸实施计划时,安装部门定期检查执行情况,形成记录。

制定了一系列程序文件来约束生产中的各种行为,以达到作业标准化、行为规范化。制定的作业文件根据表8-5所辨识的危险因素有针对性地加以规定。

作业标准化包括:作业方法、作业活动程序、作业准备/作业环境治理、设备检查维修、工具堆放使用、劳保用品穿戴、个体防护设施准备、共同作业的指挥联络等各方面的标准化。

此外,还制定了19个程序文件规范劳动者在施工中的各项行为。

4. 有的放矢——危险因素的控制管理

(1) 健全危险因素的管理制度

该制度包括岗位生产责任制、危险因素控制程序文件、安全操作规程、操作人员培训考核制度、日常管理制度、交接班制度、检查制度、信息反馈制度、危险作业审批制度、异常情况应急预案、基础建设、奖惩制度等。

(2) 查不查不一样，口头和书面不一样，考不考核不一样

按照程序文件要求，明确各级危险因素的负责人，建立定期检查制度。项目部由项目经理带队，组织安全管理成员，进行每周一次的安全执法检查。冷却塔工程负责安全管理部门每天至少检查一次，结合季节变化进行季节性检查，结合危险因素的特点进行专项检查。各项检查按预先制定的检查表，逐条逐项进行，并按程序文件规定的要求考核，并形成记录。

(3) 培训优先

对各类从业人员都进行有针对性的不同程度的培训，尤其是特殊工种进行严格的培训，合格者持证上岗，不合格者不能上岗。对从事各种岗位的人员进行体检，有身体禁忌的坚决更换。对项目部制订的各种应急预案，如《人员急救预案》、《火灾应急预案》等进行应急演练。

(4) 班长的提醒，家人的嘱咐

严格要求作业人员执行有关危险因素控制的程序文件，做好安全值班及交接班。要求施工班组织10分钟班前会：明确任务，交代安全注意事项，做好安全技术交底与会签记录，要求职工按程序文件规定进行操作，安全管理人员进行日常的安全检查，所有的活动均应认真做好记录，发现问题及时给予指导教育，并根据检查情况按项目部奖惩条例进行奖惩。

(5) 有错必究

对发现的事故隐患，根据性质和严重的程度，按规定分级实行信息反馈和整改，现场马上能整改的要求立即整改，不能立即整改的下发整改通知书限期整改，较严重的停工整改。各项整改都形成记录，对各类事故隐患进行闭环管理。

(6) 警钟长鸣

建立健全危险因素控制的管理台账；现场各危险区域的显著位置都悬挂标示牌、安全警语，提高安全意识。

5. 细节决定成败——特殊工序及机械的安全控制

对冷却塔施工的一些特殊工序，如筒壁第1节环梁的施工，爬模设备的安装、拆除等，项目部都组织有关单位进行全面检查，项目部复检，不合格不得进行下一道工序施工。

曲线电梯是施工人员上下的交通工具，项目部制定管理措施，电梯由熟悉电梯性能的专人操作，严禁超载，非工作状态不得长时间悬挂在空中，定期检

查维修和保养。

在爬模设施作业平台四周，施工时不仅有电源线、木材和钢筋，还有易燃有毒性的防腐涂料需同步跟上施工。在平台周围布置严密的安全网，布置防火、防毒安全设施，合理安排涂料施工时间。对作业平台材料堆放应符合工具器堆放及环境管理程序的要求，限量堆放，分散均匀布置。

冷却塔的施工属高空作业，程序文件规定在其周围30m以内都属安全警戒范围，与其他单位工程间应设置安全屏障进行隔离，并合理安排施工作业时间。施工道路及曲线电梯出入口搭设封闭式的安全防护隔离栏，并挂设安全标识，防止高空落物对周边人员、机械造成伤害。

在长兴电厂两台冷却塔的施工中推行危险辨识及危险因素的预控及管理行之有效，未发生过任何人身伤亡事故和机械设备损坏事故。该项目获得全国电力优质工程评比第一名和中国建筑工程鲁班奖。

【问题】

该项目安全风险管理经验对你开展相关工作有哪些启发？试建立一个施工安全管理体系框架模型。

【案例解析】

施工安全管理体系框架模型如图8-2所示。

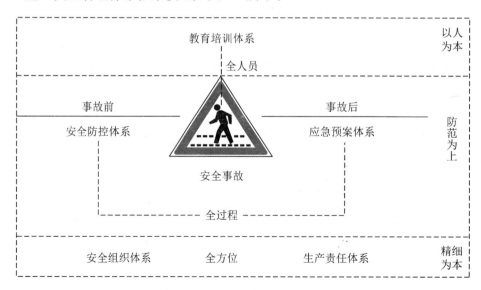

图8-2 施工安全管理体系框架模型

第 9 章

项目沟通管理篇

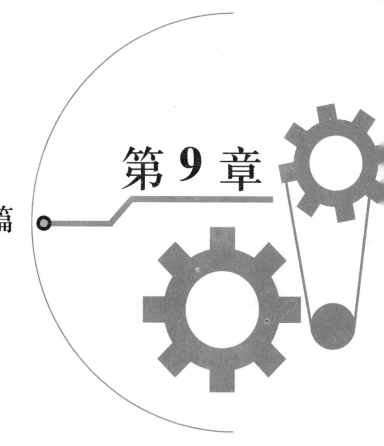

案例 9-1　经理之间的沟通矛盾

【案例正文】

　　一家大型建筑公司分管生产经营和项目开拓的副总经理得知一项较大工程即将进行招标，认为对公司是个难得的投标机会，便通过电话向总经理请示。由于采取向总经理电话简单汇报的形式未能得到明确答复，使这位副总经理误以为被默许，因而在时间紧迫之下便组织业务小组投入大量时间和经费跟踪该项目，但最终因准备不充分而使投标失败。事后，在总经理办公会上陈述有关情况时，总经理认为副总经理"汇报不详，擅自决策，组织资源运用不当"，并当着各部门负责人的面给予他严厉批评，而副总经理反驳认为"自己已经汇报，是领导重视不够、故意刁难、逃避责任所致"。由于双方在信息传递、角色定位、有效沟通、团队配合、认知角度等存在明显分歧，致使公司内部人际关系紧张、工作被动，恶性循环，公司业务难以稳定发展。

【问题】

　　试分析案例中沟通管理方面存在的问题？应如何建立有效沟通，请给出合理的建议。

【案例解析】

　　这是一个上下级没有有效沟通的典型案例。

　　从副总经理方面看：

　　（1）忽略了信息组织原则。在得知企业有一个很大机会的时候，在掌握对方信息不足及总经理反馈信息不足的情况下盲目决策，扩大自己的管理幅度，并没有有效地对人力资源信息进行合理分析，致使准备不充分而失败。

　　（2）忽视了正确定位原则。作为分管生产经营和项目开拓的副总经理，没有努力去争取总经理的全力支持，仅凭自己的主观和经验，而没有通过合理有效的分析拿出具体的实施方案获得沟通批准。

　　（3）没有运用好沟通渠道。事后没有与总经理进行面对面及时有效地沟通和总结，而是直接在总经理会议上表达自己的想法，造成总经理在不知情的情况下的言语误会，导致了企业内部的关系紧张。

总经理作为决策者也有严重问题,主要表现为:

(1) 缺乏倾听。沟通是双方面的,当副总经理电话汇报重要工作信息时,总经理没有核查对他所传达信息的理解,也没有积极地回应,从而让副总经理以为默许,作出不正确判断。事后,副总经理向总经理陈述他的想法时,总经理也没有认真倾听他的工作思路,只是主观地认为是他的过失,导致后来把这种负面情绪带到整个组织中。

(2) 缺少对下属员工的理解和信任。如果双方都处在一个公平的位置进行沟通,总经理就不会当着下级对副总经理进行严厉批评,挫伤其自尊和积极性。双方应在沟通中保持坦诚,并以换位思考的方式宽容对待这次过失,以利于将来的工作。

(3) 缺少建立有效团队的技巧。在此次总经理办公会后,企业的管理班子里掀起了小小的波浪,但是总经理没有及时采取适当方法去构建和谐团队。总经理应对整个事情引以为鉴,建立更好的企业信息传递有效机制,避免听之任之,不及时解决使事态扩大。

> **管理箴言**
>
> 企业管理过去是沟通,现在是沟通,未来还是沟通。
>
> ——〔日〕松下幸之助
>
> 你要用一个人的"手",你就必须用他整个的"人",你要用他整个的"人",你就必须用他整个的"心"。
>
> ——"心本管理"核心理念

案例 9-2 项目技术主管的苦恼

案例来源: 信管网

【案例正文】

A 技术有限公司是一家专业的应用系统集成公司。老张为 A 公司工作了 8 年,一直做到了高级软件工程师,由于他从事过多种项目工作,在公司里备受尊重,有期望成为项目经理。

不久，A公司获得了一个1 500万元的合同。老张与公司主管业务的副总经理一起为这一项目配备了现有最好的人员，他们大多数是亲密的伙伴，以前与老张一起在项目中工作。这次老张被提升为项目经理，但高级技术经理这一职位空缺，公司又难以抽调相应人选，于是，总经理招聘了一名新员工小丁。他是从公司的竞争对手那里挖过来的软件工程博士，有20年的工作经验，薪水标准很高，比老张的还高，他被委派到老张的项目中专任高级技术经理。

老张对小丁的工作给予了特别的关注，并提出与他会谈。然而这个会谈几乎成为老张的"一言谈"，全由老张建议怎样设计，完全不理会小丁的说法。最后小丁质问老张，"为什么检查他的工作比检查项目中其他工程师的时间多得多。"老张说："我不必去检查他们的工作，我了解他们的工作方式，我和他们在其他项目中一起工作过。你是新来的，我想让你理解我们这里的工作方法，这也许与你以前的工作方法不一样。"

另一次，小丁向老张表示他有一个创新的设计方案，可以使系统成本降低。老张告诉他："尽管我没有博士头衔，我也知道这个方案没有意义，不要故作高深，要踏实做好基本的工程设计。"

小邓是另一位分配到这个项目中的工程师，他认识老张已经6年了。在与小邓出差旅行中，小丁说他为老张对待他的方式感到苦恼："老张在项目中的作用，与其说是项目经理，倒不如说是软件工程师。另外，对于软件设计，我忘记的比他知道的还多，他的软件设计方法早已过时。"他还说，他打算向主管业务的副总经理反映这一情况，他要是早知道这个样子，绝不会来A公司工作。

【问题】

1. 对老张和小丁在项目中的行为进行点评？老张是否能够胜任项目经理？

2. 从项目沟通管理的角度分析项目中沟通的问题和原因。如果你是项目经理，你将如何处理上述事情。

【案例解析】

- 问题1

根据案例场景描述，可以判断，老张与团队其他成员有着多年的感情基础，了解项目团队的人员；同时老张工作了8年，具备多年的技术经验，有着一定的

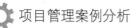

资历。然而老张对小丁缺乏信任、尊重。作为项目经理，要能够允许别人发表意见，能够仔细聆听他人的意见，能够说服别人并获得理解；项目经理所做的工作要能被整个队伍和环境所接受。

作为一个合格的项目经理应该具备良好的平衡能力、沟通与表达能力、组织协调能力。但老张还缺乏其中的部分能力，老张从技术人员到了管理岗位后，角色没有及时调整，工作重心没有及时转移，所以，老张不太适合项目经理的职位，可能更适合作为一名技术经理。而小丁在项目中也少于积极主动地与老张进行沟通。

- 问题2

本案例中项目经理与技术经理之间存在沟通障碍。作为项目经理的老张不能正确地从技术角色向管理角色进行转变，缺乏沟通与协调能力。

项目组缺乏一个有效的沟通计划。技术人员习惯使用术语，更擅长跟专业打交道，使得他们忽视非正式沟通的方式，和管理层的沟通风格有显著差异。

缺乏沟通的基本原则，如沟通升级原则，作为高级技术经理的小丁应该尝试先与项目经理老张进行沟通，不应该直接向职能经理进行汇报。

在人力资源的管理上也存在问题：总经理在组建项目团队的时候没有仔细考察老张是否能够胜任项目经理这一职位；此外，总经理在安排高级技术经理小丁这一重要人选进入项目团队时应充分与项目经理进行协商。

 小贴士

当你需要时，不妨试试美国心理卫生协会推荐的保持良好情绪的方法：
（1）不对自己过分苛求；
（2）对他人期望不要过高；
（3）疏导自己的愤怒情绪；
（4）偶尔也要屈服；
（5）暂时回避；
（6）找人倾吐烦恼；
（7）为别人做些事。

案例 9-3　功能难以实现的困境

【案例正文】

A 公司是一家中小规模的软件公司，公司研发人员不到 20 人，主要从事纺织机械行业企业管理信息系统的开发。经过一些开发项目的积累逐步形成了适合该行业企业的财务管理软件和企业资源计划系统 ERP 软件两大产品。由于销售人员的努力工作，目前 A 公司业务较繁忙，逐步进入高速增长阶段。

一个月前，A 公司销售人员赵某参加了国内某大型纺织机械集团公司 D 公司的信息化建设项目招标工作。赵某多次向 A 公司技术部门提出，要求技术人员配合参与项目建议书的编写工作，然而在技术人员没有得到落实的情况下，赵某独立完成了该招标的项目建议书。由于报价合理，同时在向 D 公司提供的项目建议书中，提出了一套相当全面的实施方案和较理想化的信息化建设思路，结果 A 公司顺利中标。根据投标文件中作出的实施进度承诺，项目一周后正式立项。由于 A 公司业务较多，一时无法从其他项目组抽调研发人员到新成立的项目小组，人力资源部门临时招聘了张工和其他五名软件工程师。由于张工具有较强的技术水平和丰富的项目管理经验，被正式任命为该项目的项目经理。

张工接手此项目后，认真阅读了当初向 D 公司提供的项目建议书，很快发现了项目中存在的技术难题。A 公司与客户方签署了技术开发合同后，张工立即组织了项目组中两名软件工程师一起开始需求调研工作，但在需求调研工作中，D 公司变得越来越不配合，总是强调项目建议书中所描述的无法实现的功能需求，并提出当初之所以选择 A 公司，就是因为 A 公司的项目建议书中描绘的这些功能是其他公司不能提供的。

为了取得 D 公司方面的支持，张工亲自进行了大量的技术尝试去完成这些功能，但经过多方技术论证，该部分功能在目前的条件下是很难成功的。对该部分功能的技术论证已经持续了一个多月，没有取得任何实质性的进展。作为项目经理，张工感到相当大的压力和责任。

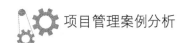

【问题】

1. 对销售人员赵某在执行此项目过程中的行为进行点评。
2. 从张工的角度出发,对解决此问题提出建议。

【案例解析】

- 问题1

销售人员赵某存在工作上的失误。一般而言,销售人员或商务人员在招投标工作和主持签订合同前的谈判交流工作时应有技术人员的参与,以全程配合销售人员或商务人员与客户的商务谈判,并就技术实现和周期等方面把关。如项目立项则该技术人员应成为实施该项目的主要成员,有利于项目顺利启动和实施。

赵某在与公司内部沟通方面没有做好,虽然最终中标,但也为后继的工作带来隐患。作为有销售经验的职员,应该清楚缺乏技术人员支持的可能后果。在与技术部门沟通未果后,应及时向公司高层领导反映,以有效解决问题,及时落实技术人员。

- 问题2

在需求调研工作中,D公司始终强调必须实现相关功能。作为项目经理的张工应该清楚地认识到,不能让目前对立的情况继续僵持下去,应尽快解决问题。张工没有从全局考虑,而把主要精力投入到技术尝试去完成该部分功能上,存在工作失误。

在本案例中,张工需要做的主要工作是加强沟通:

首先,张工应当向公司领导汇报情况,把D公司"强调项目建议书中所描述的无法实现的功能需求"的意见反馈给公司领导,并提出有说服力的技术论证结论,由上层决策者作出决定意见,以保证项目继续进行。

其次,根据公司的决定,与D公司探讨项目实施的可能性。如果D公司坚持,则需引入销售人员与D公司进行沟通,张工则继续关注原项目的进行,保证项目进度。

最后,销售部门与D公司沟通的结果会对项目实施产生影响,故张工要保持与销售部门的沟通,并对可能的谈判结果对项目的影响作出评估及项目变更计划。

与此同时，张工应认真分析业务需求中与超前功能的实际关联有多大，由于超前功能由 A 公司提出，而 A 公司在投标和商务谈判阶段往往对业务需求了解不深，可在调研后提出详细的有说服力的报告，与 D 公司充分沟通，讲明超前功能与实际目标不符或无实现意义，说服 D 公司放弃上述要求。

工具箱

员工沟通书

为及时了解项目成员的状况，可使用如表 9-1 所示的员工沟通书。每月通过填表了解掌握员工的动态和状态，并进行沟通。效果如何，一试便知道。

表 9-1　员工沟通书

所属部门：		姓名：	
1. 本月有什么好成绩？原因何在？		6. 对项目、主管、工作环境有何意见或希望？	
2. 本月有什么失败的事情？原因何在？		7. 把本月进修的事项写下来。	
3. 本月是否被主管批评过？如何改进？		8. 近来健康状况如何？	
4. 请举出工作上困难、烦恼的地方？		9. 家中有何变动，如喜庆、健康、乔迁等。	
5. 在工作方面，本月是否有新的构思或改善建议？		10. 主管的意见。	

小游戏

从游戏看项目管理中的团队沟通

团队中 A、B、C、D、E 5 个人分别拿到一张不同的试题纸，这 5 个人组成的团队必须在规定的 10 分钟完成游戏。

A 拿到的 5 个汉字是：大、太 、全、术、禾

B 拿到的 5 个汉字是：大、汰 、全、木、术

C 拿到的 5 个汉字是：天、太 、全、术、木

D 拿到的 5 个汉字是：大、太 、全、木、术

E 拿到的 5 个汉字是：大、太 、犬、木、术

要求：请找出这个团队中每个人都有的一个汉字。

规则：

1. A、B、C、D、E 只能看到自己的，不能相互看对方的试题纸；

2. A 与 B 可以相互通信，B 与 C、D、E 可以相互通信，C、D、E 之间也可以相互通信，除此之外都不允许相互通信；

3. 相互间的通信不能群发，但可以转发，转发的要求是修改的内容不能超过 5 个字；

4. 通信的方式是写字条，交给 F（第六人），由 F 做相互间传达的邮递员，但是用纸越少越好；

5. 团队中任何一个队员都可以公布答案。

好，现在游戏开始，大家会怎么做呢？（有兴趣的可以想一想再往下看）

游戏破解：

A 拿到试题时，明确目标，及时向 B 转达任务（因为他唯一可以通信的就是 B）；B 得到 A 的命令后，第一时间传达、收集任务（但是他需要寻找方法，因为他可以与团队的任何成员通信）；C、D、E，则需简明扼要地给予回复（若能得到 B 及时的传达）。然而，就像上面描述的，一开始大家并不知道从何入手，于是多数人在等待，还有部分人在瞎忙。等待浪费了时间，瞎忙耗费了资源。同时，由于 C、D、E 都可以与 B 相互通信，他们的瞎忙，使得 B 受到干扰的几率变大，可以支配的时间变成琐碎时间片。

从游戏看项目管理：

这个游戏代表一个项目中典型的三层组织结构：A 代表老板，B 代表项目经理，C、D 和 E 代表项目组成员。

1. 作为老板的 A 需要明确目标，贡献资源并将任务的执行交付给 B 予以执行，如果 A 一直想着自己如何解决，那么就会苦于无法与 C、D、E 直接沟通，从而影响团队的任务实现。

2. 作为项目经理的 B 不仅要完全理解领导层的目标，而且要准确及时地传达给执行人员理解和执行。不准确则大家不明白，不及时则执行人员会陷入迷茫，进而影响团队任务的有序执行，所以明确目标不仅仅是领导的责任，组织中间层是管理工作量最大的也是最重要的，整个团队的协调如果没有 B 的有效执行是万万不行的。

3. C、D、E 代表了项目的执行人员，在没有 B 的指令的情况下，他们会陷入迷茫，猜测题目、胡乱地发出信息，不但帮助不大，其他人还要付出额外的时间来处理。

所以整体来看这个游戏揭示了团队中不同角色间的沟通问题，不同的角色需要明确自己的职责和任务，然后围绕自己的职责和任务展开行动，不越级、不拖沓、不迷茫，这些应该是不会出现在一个做到充分且有效沟通的团队里的。

传说春秋时候郑国的著名大夫子产曾经破过这样一个疑案：有天清晨，他正坐车去上朝，经过一个村庄时，听见远处传来一个妇女的哭丧声，他按住赶车人的手要他把车停下，仔细听了一会，就通知官府把那个哭丧的妇女抓来审问。那名妇女很快就承认了亲手绞死丈夫的罪行。过了几天，那个赶车人问起子产怎么会知道那个妇女是罪犯的？子产回答说："人们对于他们所爱的亲人，亲人开始有病的时候就会感到忧愁，知道亲人临死的时候就会感到恐惧，亲人去世了就会感到哀伤。那个妇女在哭她已经死去的丈夫，可是她的哭声却让人感到不是哀伤而是恐惧，因此肯定是内心有鬼。"

【启示】

当人们面对面沟通时，信息传递通过三种方式：语言（文字）传递占 7%，声音传递占 38%，表情及肢体动作传递占 55%。所以，人们不只是听你说的内容，更重要的是会感受你的表情和声音。

沟通核心的一点就是一致性：你要确保语言（文字）、声音、表情及肢体动作三方面传递的信息是一致的。要想做到这点，就要做到真诚。

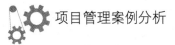

海外项目的文化融合

案例来源： 山东电力建设第三工程公司

山东电力建设第三工程公司（SEPCOIII）CPP 和 IPP 项目部 1 500 余名中印员工及家属欢聚奥里萨邦贾苏古达市，共度中国农历春节。

SEPCOIII 公司组织了传统的团拜会，举办了丰富多彩的游艺活动，邀请印度业主 Sterlite 公司，分包商 ECC、TATA、GAMMON 公司和监理 DCPL 公司的代表一起观看了融合中印文化的员工自编自演的新春晚会。SEPCOIII 公司总经理也专程从中国赶到印度，慰问中印员工，一起包水饺、放鞭炮、贺新年。演出大厅内，传统的中国灯笼和剪纸烘托出了喜气洋洋的年味儿；舞台两侧，各色鲜亮的纱丽增添了浓郁的印度风情。歌曲演唱、京剧、印度舞蹈、小提琴演奏、小品等丰富多彩的节目使观众一饱眼福。印度员工演唱的传统中文歌曲更是惟妙惟肖，寄托了对印中人民友谊长青的美好祝愿。印籍员工 Anakar Satpathy 说："在 SEPCOIII 公司工作，我感受到了管理和文化互融的友好氛围。中国员工很喜欢印度文化，我们印度员工也很喜欢中国文化，在这里我交了很多中国朋友，中印员工就像一家人"，"这个春节不仅仅属于 SEPCOIII 中国人，也属于我们这些印度人"。"中印一家亲"的氛围感染着每一位中印员工及其家属。

"本土化"是 SEPCOIII 公司海外项目运作中一直着力贯彻的理念。为创造舒心的工作环境，IPP 项目组利用当地资源，尊重印度文化，仅用了两个月就赶建成了可容纳 1 200 人的职工生活区，有食堂、卫生站、篮球场、健身房、图书室、娱乐厅等，确保中印员工春节前喜迁新房、安居乐业。

SEPCOIII 公司是一家以承包火电、核电、燃气、水电、风电、变电站、生物发电等工程建设为主的专业化电力工程公司，三次荣获鲁班奖。该公司自进入印度市场以来，已在奥里萨邦、拉贾斯坦邦、布吉拉特邦等地承建总容量 825 万千瓦的燃煤电站项目，是中国对印工程承包最大的公司之一。

SEPCOIII 公司十分注重与印度文化融合，建设和谐工地。中国员工主动了解、学习当地文化，走访业主、分包商、地方官员、印度员工等，中印员工共度印度传统兄弟姐妹节，参加当地慈善事业等，与当地政府、百姓增进了了解、互信，建立了深厚的友谊，取得了很好的社会反响。

小贴士

人际沟通中的禁忌

（1）不会把握时间和时机。

（2）在易受干扰的环境中沟通。

（3）只想让别人听自己的。

（4）只听自己想听的。

（5）用威胁的语句。

（6）用过多的专业术语。

（7）直接否定对方的意见。

（8）缺乏耐心，想一次解决全部问题。

（9）在情绪中沟通，缺乏亲和力。

（10）不良的口头禅。

……

▶▶讨论：

请根据你在日常生活和工作中遇到的有关沟通问题的实际经历，谈谈你在沟通问题上的经验和教训。

 想想看

项目内部的意见分歧

A信息技术有限公司致力于为教育行业提供信息技术咨询和开发，在"数字化校园"领域具有多年的研发经验和相当数量的客户成功案例。目前通过和有关银行的合作，综合考虑学校的需求，为"数字化校园"推出了软、硬件结合的"银校通"完整解决方案。

半个月前，A公司和U大学合作建设的"银校通"项目正式立项。由于A公司已有比较成熟的产品积累，项目研发工作量不是特别大。张某被任命为该项目的项目经理，主要负责项目管理和用户沟通等工作。张某两个月前刚从工作了五年时间的B公司辞职来到A公司,由于B公司主要从事电子政务信息系统的集成,故张某在"数字化校园"的业务方面不是特别熟悉。项目组成员还包括李工、小王、2名程序员和1名测试人员,李工主要负责项目中的技术实现,小王负责项目文档的收集和整理,2名程序员主要负责程序编码工作。

在A公司,李工属于元老级的人物,技术水平高也是大家公认的,但李工在过去担任项目经理的一些项目中,常由于没有处理好客户关系给公司带来了一些问题。小王的工作虽然简单但是格外繁重,因而多次向张经理提出需要增派人员,张经理也认为小王的工作量过大,需要增派人手,并就此事多次与A公司项目管理部门领导沟通。但每当公司项目管理部门就此事向李工核实情况时,李工总是说小王的工作不算很多,而且张经理的工作比较轻松,让张经理帮助下小王就可以了,不需要增派人员。因而公司项目管理部门不同意张经理关于增加项目组人员的建议。张经理得到项目管理部门意见反馈后,与李工进行了沟通,李工提出张经理总是帮别人提意见,自己做的工作确实不多。所以李工认为张经理有足够时间来帮助小王完成文档工作。张经理试图从岗位责任、项目分工等方面对李工的这个误解进行解释,但李工依旧坚持自己的看法,认为张经理的工作太少。

问题:

请分析该项目中存在的问题,并针对问题提出意见和建议。

第 10 章

项目综合管理篇

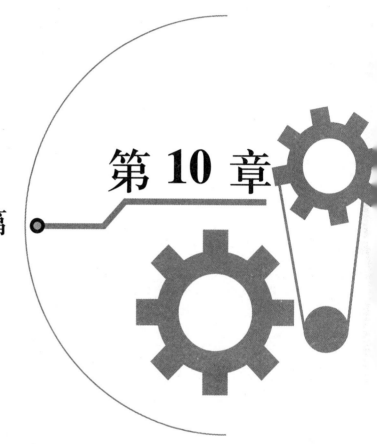

大型工程项目信息化管理

案例来源：《建筑经济》2009年第6期
作　　者： 姚雪、石晓燕、赵振宇（北京电力行业协会，国电浙江北仑第一发电有限公司，华北电力大学）

1. 项目概况

北仑电厂三期工程于2006年7月经国家发改委核准批复建设，工程动态总投资84.2亿元，由中国国电集团公司、浙江省能源集团有限公司、宁波开发投资集团有限公司共同出资建设。工程将新建2台具有较高热效率的超临界大容量火力发电机组及相关配套设施。三期工程在环保方面的投入超过8亿元，使硫、氮氧化物、烟尘排放量远低于国家排放标准。工程计划于2009年完成，届时北仑电厂将拥有7台燃煤机组，总装机容量达到500万千瓦，成为全国最大的现代化火电厂。北仑三期工程时间紧、任务重、安全和质量目标要求高、费用控制要求严，对项目管理信息化手段极为依赖。

2. 项目管理组织机构和业务流程分析

2006年年初，北仑三期项目公司尚未成立，为了满足项目开工的需要，其项目筹建处已经成立了项目管理机构，对未来项目公司的组织机构、管理系统进行了设计，完成了质量、环境和职业安全健康管理的"三标一体"认证。并开展项目前期的诸多准备工作，完成了环境评价、电源接入方案、投资方协议等报告。工程于2006年12月正式开工建设。

项目公司在机构设置上分为决策层、管理层、执行层和供方。决策层包括公司总经理、管理者代表、工会以及分管生产、基建和经营的三位副总经理。管理层和执行层包括公司综合管理部、计划部、财务部、物资部、工程管理部和生产准备办公室等部门。供方包括监理方、设计方、施工方、设备和材料供应方、调试方以及其他服务方。

从实际运作特点看，本项目几乎所有项目管理事务都是由业主方提出和驱动的。质量、进度、安全和工期等几个重要的绩效指标被业主方（而不单是监理方）密切跟踪。所有的业务流程体现了业主的主导作用。

项目公司的信息化项目启动于项目管理体系建立之后。在信息化之初，整个项目管理的标准（管理体系）设计已经完成。为了管理信息系统能够覆盖项目管理的全过程，首先用系统分析法，利用项目管理的理论，对所有这些管理体系中的制度、标准进行归类，重点解决以下两个问题：

（1）现有制度、标准、部门职责分工是否已经构成了完整的项目管理体系，从而覆盖了项目管理的全过程？

（2）项目管理业务哪些适合应用信息化手段进行操作？哪些更适合手工或者传统的手段？

为了保证使用信息化平台进行协同管理的效果，需要对关键的较为复杂的跨部门流程进行流程化设计，把业务的输入、输出和数据上下游关系确定下来，同时，对数据的录入归属部门、使用部门和审核、批准权限进行定义，为项目管理的信息化创造条件。

3. 项目管理信息系统（MIS）设计要点分析

3.1 提高工作效率方面

提高项目管理过程的工作效率，是基建工程信息化的首要设计目标。北仑电厂三期工程项目管理流程重组的第一个方向是：重组后的业务流程应能够更加有利于实现信息化，从而大幅度提高工作效率。为此，设计中体现了如下几个要点：

（1）增强沟通手段，防止信息不畅造成的决策失误。充分利用先进可靠的网络平台、利用移动办公手段和短信提醒等技术手段，以确保办公地点和时间不固定的项目人员及时准确地掌握信息，促进审批流程顺畅及时。

（2）充分体现闭环实时的管理理念。通过闭环管理信息平台及时反馈信息，从而提高监控任务执行的及时性和有效性，提高问题处理的效率，确保项目指令畅通、运作有序。

（3）将适合信息化的程序和各种复杂的跨部门流程基本囊括在设计方案中。充分发挥业务流程重组后的流程的效率优势，用信息化固化标准，防止管理标准流于形式。标准化和规范化是提高效率的有效手段，建立在信息化基础上的标准也更容易改进和完善。

3.2 提供数据支持方面

流程设计的另一个目标是管理系统应输出有效数据，以满足竣工决算的数据要求以及机组投产后的生产需要。

项目管理的竣工决算子系统需实现以下三个目标：控制概算、为实际决算提供支持、体现基建期固定资产的形成过程。机组投产则要求，基建结束所形成的固定资产和建筑物的技术数据要足够完备，以便尽早接入设备管理系统进行管理。

数据支持涉及四个基本方向：竣工决算数据支持、在建工程转固定资产的管理手段、实现在线的概预算数据的统计和显示、达标投产后为进入生产系统提供数据。因此，提供数据支持方面的设计包括了如下要点：

(1) 实现在线的概预算数据的统计和显示

概预算控制，就是通过对每一类工程项目，按照建筑工程、设备机座、安装工程、设备价值、其他费用等栏目形成动态实时计算值，并且同执行概算数据进行比较，从而达到预警和控制的目的。

(2) 实现竣工决算数据支持

根据基建项目竣工决算的有关要求，竣工决算必须按照比概预算口径更为细致的尺度，以固定资产的原始价值的形成为依据进行费用细分。如果基建项目建设期间没有及时对物资出入库和工程合同的费用进行细分，那么竣工决算期间就会发生费用无法追溯或者划分随意的问题。

(3) 达标投产后为进入生产系统提供数据

进入生产系统的数据包括：固定资产清册和价值、备品备件清册和价值、工具清册和价值、主设备清册和分解结构、设备在基建期间形成的电子文档或者图号、设备在基建期间发生的缺陷和处理结果以及其他设备数据等。

3.3 加强内控力度方面

信息化项目存在的最大问题是可用性，信息系统的低可用性是提高内控能力的最大障碍。因此，对于原有管理体系的可操作性的审视是加强内控力度分析的主要内容。信息系统要能够切实增强企业的内控力度，必须以管理系统自身经得起推敲为前提和基础。因此，设计时考虑了以下要点：

(1) 流程环节一目了然，时间、责任人、执行结果清晰可查，追溯手段便捷；

(2) 基建管理信息系统必须保证对业务流程的高覆盖率和高符合率，系统设计应针对管理体系的内容，而管理体系也应按信息化的要求进行业务流程重组；

(3) 信息系统设计上要具有流程意外处理的功能，以便没有按照标准要求流转的业务也能够进入系统，并做好异常处理；

(4) 信息系统应具有形成绩效考核报告的功能，以便为流程效率监督和考核提供决策支持。

3.4 提高信息共享度方面

要提高信息共享度，项目组所有成员应该有义务和渠道将自己掌握、获得的信息方便、及时、准确地录入信息系统；相关信息不能重复录入，以便提高流程效率；信息系统可以直观、便捷的方式查询或利用；信息被科学地组织，能以最实用的方式呈现给项目组成员；信息权限控制良好，信息资源的使用和共享的权限应严密、合理，从而保证信息不会被不合理地使用。

为了实现以上条件，设计时考虑了以下要点：

(1) 在所有程序文件中规定提供信息的职责，作为项目管理绩效目标的组成部分；

(2) 编制较为复杂业务的输入/输出明确的业务流程图，以便更好地审视业务输入是否冗余，提高流程效率；

(3) 要求信息系统设计界面友好、使用便捷，信息获取简便有效，存储手段海量、高速，并充分利用模糊查找、分类查询等手段；

(4) 对于项目信息的使用、查阅权限应该在相关程序文件中说明，并作为信息系统设计文档之一提交审批；

(5) 增加项目评价和考核程序，对项目各直接参与单位进行有约束和激励作用的考核和评价，从而帮助实现管理目标。

4. 管理信息系统的构成框架

基于以上业务分析和设计要点，北仑电厂三期工程基建管理信息系统的构成框架如图 10-1 所示。该管理信息系统采用远光财务管理系统作为基建过程的财务管理平台；采用美国 Primavera 公司 P3 E/C 进度计划管理软件，作为项目进度管理平台；其余的功能要求，通过招标或议标方式，选择较为成熟的面向火电厂基建管理软件，并在此基础上根据要求进行定制来实现。并对财务系统、P3 软件和其余的基建管理功能进行了集成，以便实现设计目标和业务流程的全覆盖。考虑到知识管理和信息交流的需要，另行建设了一套基于 WEB 的基建网站，用以实现包括现场管理、工程日志、基建新闻、宣传报道等的功能。

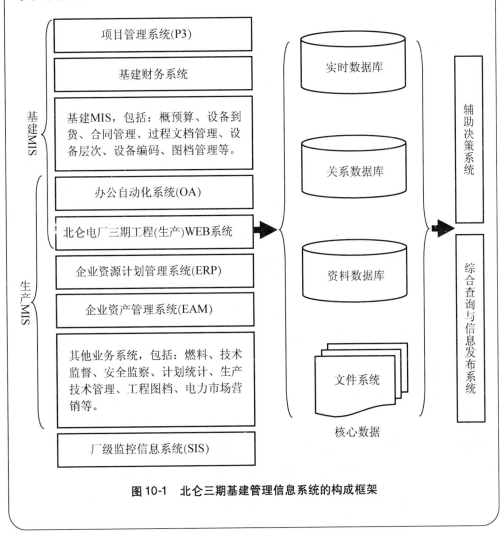

图 10-1　北仑三期基建管理信息系统的构成框架

本管理信息系统覆盖的功能细目包括：概算管理模块、合同管理模块、资金计划管理模块、招投标管理模块、设备管理模块、备品备件管理模块、图纸管理模块、人力资源管理模块、文档管理模块、工程照片管理模块、档案管理模块、工程质量管理模块、工程安全管理模块、调试试运管理模块、竣工决算管理模块、达标投产管理模块、项目进度管理系统和财务管理系统等。

5. 实施效果

北仑三期的基建MIS系统根据管理体系的要求严格设计，并同管理体系形成良好互动。业务是否严格按照标准执行、项目中发生的管理意外的回顾、不符合项是否给予及时报告和处理、管理体系运行中存在哪些问题等，都可以通过对信息平台的检查得到满意的答复。从实施效果看，该系统加强了项目人员及时准确地掌握信息，促进审批流程顺畅及时；提高了任务处理的效率，确保了项目指令畅通、运作有序，提高了标准的依从性；实现了在线的概预算数据的统计和显示，实现了竣工决算数据支持，达标投产后可以为生产系统提供数据。该系统已成为北仑三期工程最主要的信息渠道和知识平台。

案例10-1　公路施工项目管理的难题

案例来源： 中国优秀硕士学位论文全文数据库

作　　者： 张云栋（北京邮电大学）

【案例正文】

东方城建集团有限责任公司是北京市市属重点建筑施工企业，具有公路工程总承包特级资质，集团公司下设工程总承包部，工程总承包部作为集团公司的事业部负责以集团公司名义中标的施工项目的总承包管理。2007年2月，工程总承包部以东方城建集团有限责任公司（总包单位）的名义中标六环路南线二标工程。在东方城建集团有限责任公司提供银行履约保函后，与北京城市道路开发总公司（建设单位）签订总包合同，实行清单组价，单价一般情况不予调整，合同工期 13 个月，自 2007 年 4 月 30 日至 2008 年 5 月 30 日。

2007 年 3 月，工程总承包部实行项目经理招标制组建六环路南线二标工程项目经理部，确定 A 为项目经理，并与工程总承包部总经济师签订《经营承包责任书》。2007 年 3 月 26 日，A 带领项目部的三名副职干部来到现场开展工作，认为当前的主要工作是确定分包队伍，于是决定桩基础和承台由集团公司的地基公司整体分包，踢梁的生产分包给大连四方建筑材料公司，主要材料由项目部负责供应。并且在没有签订合同的情况下，将墩柱和盖梁现浇工程分包给南通广元劳务公司。

4 月 12 日，由 A 指定的几家分包单位和劳务队伍开始陆续进场，开始搭建临时设施和修建梁厂，A 决定先按各分包单位的工程量的 5% 预付部分工程款，在前往总部申请款项时，总部以没有相关的经济合同为由拒绝支付。4 月 27 日，建设单位召开工程协调会，宣布由于该段工程拆迁没有完全完成，现无法开工，预计推迟开工 5 天，A 并没有在意，然而地基公司的机械设备和人员已经就位等待施工，地基公司项目人员已经给总包项目部发函，要求窝工索赔。5 月 10 日，建设单位再次召开工程协调会，确定 5 月 31 日正式开工，比计划整整晚了一个月，而此时梁厂已经开始生产。梁厂、墩柱、盖梁和项目其他部分需要的钢筋和混凝土都由项目部供应，但是目前项目部还没有最终确定材料供应商，许多人拿着上面领导批的条子找 A，要求供应材料。A 为了平衡各方的关系，提出可以让这几家单位供应材料，但分别跟这些材料供应单位商谈，要求它们压低单价。并以项目部的名义签订材料采购意向书，约定某一批次材料由以上单位报价较低者供应，A 想通过这种方式降低材料价格变动的风险，并节约材料成本。在踢梁的生产过程中，总经济师发现每根踢梁实际主材的消耗量远大于定额中主材的含量，将这一问题向 A 进行了汇报。A 作出的判断是因为刚开始生产，损耗比较大，等批量生产后就好了。

5 月 31 日，工程按期开工，地基公司迅速开展桩基施工，将整个标段分三个小标段进行流水施工，可以有效地利用自己的机械设备。6 月 15 日，地基公司该标段项目经理 B 给 A 打电话，要求支付部分款项应急，否则只有停工了。A 同意给予拨款，但是总部财务部仍然以没有签订分包合同为由，拒绝支付分包款。A 意识到了问题的严重性，组织人员与地基公司商谈分包合同事宜，但此时钢材由 4 月份的 3 300 元/吨上涨到了 4 200 元/吨，地基公司要求调整合同中钢材单价，但是总包与建设单位签订的合同却是单价包死，仅此一项就面临着100万元的亏损，现在让地基公司撤场显然是不可能的，迫于无奈A同意了钢材单价的调整。总经济师拿着地基公司签好字的合同去总部经营部盖章时，经营部解释说合同未经总部评审不能盖章，属项目部自身的行为，A想如果盖项目经理部的章肯定是不行的，总部已出台相关规定，不允许项目部自主分包，必须经过评审。A只能向总部领导起草了详细的说明报告，对仓促分包的原因作出了说明，并承诺负责分包引起的责任。经总部领导同意后，经营部办理了相关的手续。在分包合同签订后，总部财务部同意支付工程款，地基公司恢复了生产。

7月20日，工程的施工产值总计已经完成了1 600万元，因为总包计量审批未完成，致使6月份的计量款没有批复。A本来希望从总部财务部申请资金，但是，总部资金也十分紧张，也不能停工，一旦停工，不仅企业的声誉要受到损失，同时项目的经济损失也是比较大的。于是A只能向公司申请给项目部借款，不过借款是有利息的。

2007年7月底，第一流水段地基公司施工的桩基和承台已经完成，并已经交付工作面，南通广元劳务公司的劳务人员已经进行劳务作业，但是现场的材料码放杂乱，钢筋加工区到处是钢筋头，A对这种情况给予严肃警告，要求加强现场管理。进入雨季后，盖梁的浇注严重滞后，造成许多梁片的积压，影响了生产，大连四方建筑材料公司的现场负责人找到A，要求继续生产，以保证机械设备的满负荷运转，否则将进行索赔。A没有别的办法，只有在梁厂附近重新租赁了100亩地，作为踢梁的存放处。

2007年12月下旬，马上都要编制年度报表了，但是经营部分包单位的批量一直拿不出来，材料部的入库单、出库单也不全，数据无法汇总，难以正确地计算材料成本。12月24日，A主持召开经济活动分析布置会，在听取了参会人员的意见后，A要求确定分包和自行施工成本，并进行材料盘点。

2008年1月30日，6名工人走进了办公室。工人们告诉A，春节快到了，他们希望领点工资寄回家，A愕然了。工人工资是按月支付给南通广元劳务公司的，怎么办，政府和总部多次强调不能拖欠农民工工资。望着漫天的雪花，A陷入了沉思。

【问题】

1. 分析本案例在项目管理中存在的问题？
2. 结合本案例谈谈应如何加强成本管理？

【案例解析】

- 问题1

（1）项目经理的成本意识不强。A对生产比较重视，但是成本意识不强，在年底之前一直没有进行成本分析，无法确切地知道工程的盈利状况，对材料浪费现象不敏感，没有及时提出改进的措施。

（2）合同签订不及时。分包单位已经进场施工但是合同没有签订，这种情况下，分包单位会以种种借口要求更好的合同条款，比如，钢材涨价后，地基公司不同意按原来的较低的钢材价格签订合同，必然使工程成本增加。

（3）材料采购不合理。项目部材料采购单位的确定，是为了平衡各方面的关系，而不是以材料价格的高低、材料质量的好坏作出选择，因此必然引起材料采购成本的增加。

（4）资金成本没有转移。建设单位以批量不及时为由，而将工程款变为借款支付项目部，从而收取项目部的借款利息，项目部没有及时将利息转移给分包单位，从而造成资金成本的增加。

（5）施工计划安排不合理。项目在安排流水作业时，工程作业程序不合理，以致梁厂生产的踢梁堆积严重，重新租赁土地，增加了土地租赁费，同时还要增加二次搬运的费用。

（6）索赔意识不强。目前的工程项目，合同签订的利润率比较低，只有注重合理的洽商、变更和索赔来增加利润，面对建设单位延迟开工，项目部对此没有及时采取应对措施，从而造成窝工损失。

（7）对项目的过程控制不全面。在项目施工的整个过程中，没有发现总部对项目的业务指导，没有发现总部对项目的监督检查。总部的各种资源没有被项目部所使用，项目部与总部的联系脱节。

- 问题2

可在如下方面加强项目施工过程中的成本管理：

（1）材料采购要实现总部与项目部的价格竞争。总部提供材料采购的各个商家的报价，项目部在采购材料时，价格不能超过总部的价格，这样项目采购时就不需要顾及有关领导的批示了，用制度去遏制腐败。

（2）以预算成本控制材料的消耗。因为除地基公司施工的桩基外，其余部分的大宗材料都是项目部直接供应。在施工过程中，如果没有完善领用料制度，就会发生材料的浪费现象，应该依据预算工程量中的材料消耗办理材料的领用；在生产过程中，对应检查工程的形象部位，如果工程没有达到计划的形象部位，应查明原因，分清责任，作出处理意见。

（3）开展工程索赔。该工程延期开工，是建设单位的原因造成的，建设单位应该负责。在这种情况下，项目部可以给建设单位发函，告知其索赔事项，并与其积极磋商；建设单位指定的分包单位施工不积极，不接受总包项目部的管理同样可以给建设单位发函。对于建设单位以无法及时计量而将应付的工程款改为借款支付给项目部而收取项目部利息的事项，项目部应以书面函件的形式，陈述自己的观点，表明建设单位的做法是违反合同规定的，应该进行纠正，并归还项目部已经支付的利息。

（4）重新制订工程后期的施工计划。要依据目前工程的实际情况和建设单位设定的工程竣工日期重新对该项目的后期的施工事项作出部署，突出流水作业节省成本、交叉作业节省时间的特点。制订合理的施工计划，降低梁厂的库存，从而节省材料二次搬运的费用开支。

厂商协同降低采购成本

案例来源：《商界·中国商业评论》2005 年第 7 期

美心公司与大多数高速发展的企业一样，开始面临增长瓶颈。掌门人夏明宪毅然采取以利润换市场的策略，大幅降低产品价格。然而，降价不久，风险不期而至，原材料钢材的价格突然飚升。继续低价销售——卖得越多，亏得越多；涨价销售——信誉扫地，再难立足。面对两难抉择，降低成本，尤其是原材料的采购成本就成了美心生死攸关的救命稻草！

夏明宪向采购部下达指令：从现在开始的三年内，企业的综合采购成本，必须以每年平均10%的速度递减。这让美心采购部的员工们有点傻眼，甚至不服气：此前美心公司的"开架式采购招投标制度"属国内首创，既有效降低成本，又杜绝暗箱操作，中央电视台都为此做过专题报道。而且此举已经为美心节约了15%的采购成本，还有什么魔法能够让青蛙变得更苗条？

在夏明宪的带动下，美心员工开始走出去，从习惯坐办公室到习惯上路，摆脱经验桎梏，于不知不觉中形成了一套降低成本的管理模式。

(1) 联合采购，分别加工

针对中小供应商，美心将这些配套企业联合起来，统一由其出面采购原材料。由于采购规模的扩大，综合成本减少了20%！配套企业从美心领回原材料进行加工，生产出来的半成品直接提供给美心，然后凭验收单到美心的财务部领取加工费。同时随着原材料成本的降低，配套企业也更具竞争力，规模扩大，价格更低，形成良性循环。

(2) 原材料供应，伙伴战略

针对上游的特大供应商即国内外大型钢铁企业，美心的做法是收缩采购线，率先成为其中一两家钢厂的大客户乃至于战略合作伙伴。而钢厂面向战略合作伙伴的价格比普通经销商低5%—8%，比市场零售价低15%。于是仅一年的一次采购，美心就比同行节约成本近1 000万元。

随着采购规模的与日俱增，美心开始有了和钢厂进一步谈判的筹码。应美心要求，钢厂定期向其提供钢材的价格动态，并为美心定制采购品种。比如，过去钢板的标准尺寸是1米，而门板尺寸是90厘米，多出的这10厘米就只能裁下来扔掉。现在钢厂为美心量身定制生产90厘米钢板，就大大减少了浪费，节约了成本。又如，它们还专门为美心开发了一种新材料门框，品质相同，价格每吨可节约600元。

(3) 新品配套，合作共赢

对于新配套品种的生产，由于配套企业需要增加大量投资，导致新配套产品与其他配套产品相比，价格大幅增加。美心就以品牌、设备、技术、管理等软硬件向生产方入股，形成合作；合作条件是美心公司自己使用的产品，

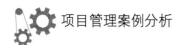

价格只能略高于生产成本。这样一来，合作方在新产品的生产上减少了投入，降低了风险；同时，美心也降低了配套产品的采购成本，增加了收入。于是各方受益，皆大欢喜。

(4) 循环取货，优化物流

解决了原材料和配套产品的采购问题，美心还与配套企业携手合作，从物流方面进行优化。由于不同配套企业的送货缺乏统一的标准化的管理，在信息交流、运输安全等方面都会带来各种各样的问题，必须花费双方很大的时间和人力资源成本。美心明白，配套企业物流成本的提高，将直接转嫁到配套产品的价格上。于是美心就聘请一家第三方物流供应商，由它们来设计配送路线，然后到不同的配套企业取货，再直接送到美心的生产车间。这样一来，不仅节约了配套企业的运送成本，提高了物流效率，更重要的是，把这些配套产品直接拉到生产车间，保持了自身很低的库存，省去了大量的库存资金占用。

美心通过与原材料供应商及配套企业的携手合作，使原材料厂商拥有了稳定的大客户，配套企业降低了生产风险，而自己则在大大降低成本的同时，扩大了产销量，形成了各方皆大欢喜的共赢局面。美心的综合采购成本下降了 17%，同比全行业的平均水平低 23%。美心公司成功地在原材料价格暴涨时期维持了低价政策，建立了良好的企业形象和品牌。

讨论：

请谈谈你在项目上或生活上有什么在保证质量的前提下降低成本的好办法。

案例 10-2　米其林工厂建设 EPC 项目

案例来源：《施工企业管理》2011 年第 11 期

作　　者：杨述文、赵振宇（中建城市建设发展有限公司，华北电力大学）

【案例正文】

1. 项目概况

为应对中国及东亚经济高速发展而带来的汽车、工程机械使用的高速增长，世界知名的轮胎生产企业——法国米其林公司经过详细的市场分析，决定斥资 15 亿欧元在中国沈阳兴建一座年产 1 000 万条高性能子午线环保型轮胎生产厂。根据米其林（以下简称"业主"）的计划，工厂建筑面积 40 万平方米，用于工程建设的总投资约 30 亿元人民币，各类建筑单体约 70 个，整个建设期约 45 个月，建成投产后将成为世界最大的单体生产厂。投产后，既可以为地方创造可观的税收等经济效益，还扩大了就业、提升了生产环保技术，因此，地方政府也给予了该项目充分的重视和支持，为该项目的顺利实施创造了有利的条件。

2. EPC 项目投标及实施要点分析

项目一期工程采用公开招标，明确采用 EPC 模式、FIDIC 合同条款进行招标。其中，约 160 万字的英文技术文件和要求的翻译和理解，初步方案的确定，初图的构想以及技术说明的成型和成型后的汉译英转换要在短短的 40 天内完成，对习惯了国内项目总承包施工的企业是一个巨大的挑战。中国建筑股份有限公司（CSCEC）凭借着丰富的海内外施工经验以及优秀的管理报价团队和广泛的优质资源顺利在规定时限内完成了上述工作，经过业主方评审，CSCEC 和另外五家国际著名的承包商或中外联合体顺利进入入围名单，又经过方案比对、设计优化、价值工程分析、合同条款细化、报价澄清及调整等多轮谈判，CSCEC 以总评第一的成绩夺得了该标并正式签订了一期 EPC 合同，工程随即转入实施阶段。在一期 EPC 合同的实施中，CSCEC 和业主团队展开了有效的合作，共同致力于解决工程实施中的问题。CSCEC 根据自己在中国类似工程施工中的丰富经验提出对工程有利的建设性和改进性的意见，得到了业主的认可。而后 CSCEC 和业主方针对米其林项目二期 EPC 工程开展了一对一议标谈判工作。在参照一期并根据市场和工作内容的异同进行了相应调整后，顺利签订了米其林项目二期的 EPC 工程合同，完整地赢得了该项目。

该项目总承包商 CSCEC 的项目管理人员通过沈阳米其林 EPC 工程的投标及实施过程，总结了以下影响 EPC 工程模式投标及实施成败的关键因素：

（1）对 EPC（设计—采购—施工）的要素和完整性理解

EPC 三要素是一个完整的、有先后重点的有机统一体，不能简单理解为 E + P + C。在投标、方案制订、扩初图纸的前期，必须以设计为主，同时，采购及施工团队也须同期介入,采购须及时向设计提供最新的、符合设计要求的以及市场化程度高的设备、产品规格参数和厂家,以使设计能有较大的宽裕度并满足市场采购的方式进行优化设计,为后期的采购提供依据和降低采购成本,同时施工团队将根据自己类似工程的施工经验对整体和单体设计提供建议。以实现优化设计、符合规范、减少不必要的工序、避免不合理的设计对施工设备和技术提出可能过高的要求,以使后期工程提高施工工效、降低成本。在后期的采购及施工中,设计团队又必须介入设备选型、定型和施工实施的技术指导作为配合,及时微化调整具体设计,以达到符合规范、提高工效、创造价值工程的目的。因此,理解 EPC 的完整统一性和分阶段的重点顺序是 EPC 项目实施的第一要素。

(2) EPC 项目实施的要素组合及资源配置

一般国内的工程承包施工所涉及的要素主要是人、工、机、料及技术的组合配置,而 EPC 项目不仅是上述要素和资源的组合,更要涉及社会资源、市场资源,不同优势的组合资源以及配比、协调和管理,尤其对工业建筑的 EPC 实施更是如此。例如,仅设计团队就涉及总图及土建设计单位、有专业优势的专业设计单位、可能非本系统的强制性排他的设计单位(如高压电力、煤气等)等。数量少但技术等级高的专业设计单位(如高压管道、罐等)如何有效地配置上述资源以及有效协调各资源的组合,对 EPC 组织者是一大挑战,组织者要根据 EPC 工程的特点和要求有计划地推进优化配置。同时,须独立引进第三方单位,对上述组合和配置所形成的产品进行审核、调整和沟通。因此,EPC 项目的实施对实施者提出了需要更广泛的社会和生产资源,并需要经常加以优化配置,以及全面地协调和调整将贯穿 EPC 实施的整个过程,EPC 实施管理者必须对此有清醒的认识。

(3) EPC 实施的难点和要点

通过项目的实施,总承包商 CSCEC 的项目管理人员提出,作为能否顺利实施 EPC 项目有以下要点需管理者引起重视并适时调整:

① 充分熟悉和理解业主的工艺要求和指标答疑等技术文件;

② 设计团队的经验和组合管理;

③ 组织有效、分工清晰的管理团队;

④ 设备（尤其非标准设备）的提前参数满足和选型，以及采购和施工团队的提前组建和介入；

⑤ 对业主提出的完善、增项及业主原因设计变更的敏锐反应；

⑥ 对合同条款的梳理和深刻认识；

⑦ 与业主方的有效协作和沟通；

⑧ 具有权威性、全面的 EPC 承包方的管理协调委员会。

同样，在国内（尤其是外资在华投资）的 EPC 项目实施中，也存在以下几个难点：

① 由于过去在国内的承包模式的惯性指引下，项目管理团队和管理者的意识能否及时转变；

② 项目管理团队对工程英语能力的缺乏；

③ 中外文化差异形成的意识和沟通障碍；

④ 团队内部的分工因习惯的工作模式的影响造成协调和合作性不够；

⑤ 政府有关部门对 EPC 模式的理解和判断（如第三方审图）。

只有抓住这些要点并随着工程的分阶段进行优化和调整，才能保证 EPC 项目的顺利实施；同样，对 EPC 项目实施中的上述难点也必须加强梳理和解决，并根据不同阶段解决本阶段的重点难题。如果不对上述难点引起足够的重视，可能微小的问题或误解都会甚至严重影响 EPC 项目的顺利实施。

3. 沈阳米其林 EPC 项目实施对策和具体措施

针对上述 EPC 模式在该项目的要点和难点，项目总承包商 CSCEC 采用了以下方案：

（1）在 CSCEC 层面成立承包商项目管理委员会，全面管理和协调该项目的实施，决策在合同执行过程中出现的问题，定期汇总有关关键议题和业主方高层管理委员会进行磋商和讨论，成立独立于设计单位的设计审核委员会，聘请有经验的设计专家审查图纸，在避免了设计漏项的同时，重点从优化设计的角度解决设计中存在的问题，以从设计阶段就争取达到保证质量、符合规范、降低成本的初始目标。

该项目总承包商 CSCEC 的管理组织机构模式如图 10-2 所示。

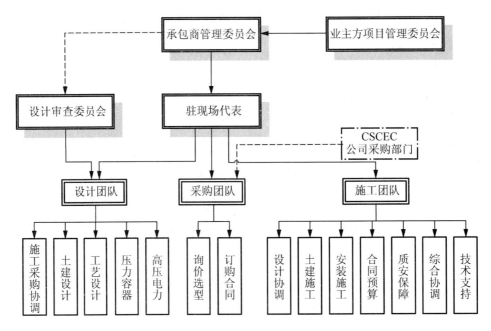

图 10-2　EPC 项目总承包商组织机构图

采用上述管理模式的优点是：节点清晰，目标明确，职责到位，高效地保证了项目 EPC 模式的推进。

（2）根据国内设计院相应分工较细、广度不够的特点，针对本项目，该项目总承包商组织了设计牵头院及专业院共四家设计院抽调有类似经验的设计人员组成设计团队进行设计工作。为避免因设计思路和习惯的不同而形成的差异，在设计团队中建立了各设计单位的设计负责人联席会议制度；每两天通过网络或视频及在必要时的集中设计有效避免了设计矛盾、重复设计问题。同时针对设计质量和进度采用柱状图曲线和图表的方式进行分析，直观地评价设计工作和解决设计中的困难。对一些重大设计，组织设计专家论证后进行，保证了设计质量和设计进度。

（3）为便于优化设计及规避市场风险，采购团队必须熟悉材料设备的市场供应情况并提早介入设计配合阶段。根据设计参数提供合适的设备产品参数建议，实时锁定设备规格及价格，避免形成因选型不当造成过程变更以及市场供应量偏少的产品要价偏高的不利局面。

（4）全面深刻的合同理解不仅仅是管理、商务人员的职责，在 EPC 模式下，管理团队的全体理解才是保证项目顺利实施的关键。按照 EPC 的模式，设计、采购、施工对合同的学习和理解既要按各自范围重点区分，更要无缝对接，如果人为地割裂为设计合同、采购合同、施工合同，其对 EPC 的实施将是灾难性的，因此三个分团队的负责人必须全面掌握合同要素。其有效的方式，就是根据不同阶段特点进行合同培训和讲解以及合同延伸讨论及管理者的经常检查，以避免各分团队对合同理解的脱节。

（5）针对 EPC 模式有别于在国内使用的施工总承包模式，中外文化的差异和外语能力的缺失导致不能全面沟通是总承包商面临的重大挑战，为此，总承包商建立了不同层面的沟通机制，同时通过不同层面的沟通来消除误解，发现问题，在非原则问题上要学会妥协。CSCEC 有着多年海外工作经验，积累了一批懂外语、熟悉 FIDIC 合同条件的人才，因此，在一些关键工作岗位上调配和招聘了一批上述人才，为项目的顺利实施奠定了很好的基础；同时，针对自己的"短板"，还采用其他有效措施进行弥补，如针对现场安全管理人员经验丰富，但使用电脑软件以及外语较差，而新来的大学生外语及电脑软件使用能力较强，但现场管理经验较少的特点，采用"双双"配备的方式，这样既解决了沟通的问题，又培养了年轻的学生，为进一步拓展 EPC 项目培养了人才。

【问题】

1. 如何组织 EPC 项目承包团队？
2. 如何把握 EPC 项目特点和成功实施的关键？
3. 业主与承包商是零和博弈还是实现合作共赢？

【案例解析】

- 问题 1

EPC 项目把传统承包模式下需要几家，甚至几十家企业的工作任务全部集中在总承包商身上，总承包商面临复杂多变的环境，协调工作量大、风险集中。EPC 总承包商要处理好与业主、政府、分包商、供货商的关系，做好项目内部工作和关系的协调。

中建公司对米其林项目的组织模式是在公司层面设了一个项目管理委员会，在委员会下设了一个承包商驻现场代表，作为在现场项目管理层面和公司层面的沟通桥梁，在驻现场代表下设了三个团队——设计团队、采购团队和施工团队，然后按专业划分并设分部，如施工团队包括土建、安装、合同、质量安全、设计协调、技术支持等分部。其要点是总承包项目部各部门及参与方都以工程的整体利益为出发点,将E、P、C三个部分有机地结合在一起,围绕E、P、C三个主要功能,建立相关工作程序,既有按各自工作范围的区分,更要实现分工中的"无缝对接",形成一个合作的超越传统组织边界的项目团队。

● 问题2

EPC模式下,工程设计、货物采购、施工安装上下游之间存在着很强的逻辑互动关系,即上游环节为下游环节提供输入,下游环节为上游环节提供反馈和确认,如果一个环节配合不力,会通过连锁反应带来一系列问题。

中建公司米其林项目管理者充分认识到EPC三要素是一个完整的、有先后重点的有机统一体,不能理解为E、P和C的简单加和,EPC合同模式的最重要的优势是为实现设计、采购、施工的深度交叉提供条件,并鲜明地提出"如果将EPC人为地割裂为设计、采购、施工三项各自独立的工作,其对EPC的实施将是灾难性的"。

中建公司米其林项目部在这方面积累了如下可供其他EPC项目借鉴的典型经验:一方面,施工技术人员在设计初期就参与设计过程,对设计内容的施工工艺和可行性进行确认和优化,根据自己类似工程的施工经验向设计人员提供建议,以丰富的施工经验助推设计图纸的优化;同时,采购团队也同期介入,向设计人员提供最新的产品规格参数和厂家信息,通过设备选型优化设计,避免设计对施工、设备和技术提出不必要的过高要求,努力提高施工工效,控制成本。另一方面,设计团队也融入后期的采购及施工安装工作中,进行设备选型、定型和施工实施的技术指导,并作为配合及时微化调整具体设计,达到严格符合规范并实现功能、设计、施工、设备选型和成本的综合优化。

● 问题3

在工程建设领域普遍存在着"零和"博弈意识,把做项目看成是分蛋糕,认为甲方、乙方之间是利益对抗关系,一方的获利会导致另一方的损失。在米其林项目上,中建公司的理念是充分承担起作为EPC总承包商对业主需求的尊重和责任,熟悉和理解业主的工艺和技术要求,通过在工程谈判中的磕磕绊绊来充分表达意见、暴露问题并最终解决问题,通过在方案和图纸上的反复修改,避免对实际施工的来回折腾、修改和返工。承包商中建公司重视通过与业主米其林公司的沟通、协作,用更策略、更具创造性的方式来解决问题,如建立多层面的沟通机制，通过不同层面的沟通来消除误解、达成共识；如妥善及时处理业主提出的改进建议、增项及设计变更，学会换位思考，学会从西方人的视角考虑问题；如在非原则问题上学会妥协，以小失换大得。业主也实现了通过EPC总承包方式提高在华工厂建设的效率和效益的目的。双方通过议标又签订了米其林项目二期的EPC工程合同，实现从创造利润变为创造客户，成为中建公司实施"大市场、大项目、大业主"和"合作共赢"战略的成功例证。